炼化企业财务报表分析

黄让敏 主编

石油工业出版社

内容提要

本书以大型石化公司 D 公司为分析案例，以哈佛大学的克里希佩普、保罗希利和密歇根大学的维克多伯纳德在《运用财务报表进行企业分析与估价》一书中创造性地提出的哈佛分析框架理论为架构，对 D 石化公司上市与未上市两部分 2018—2022 年的财务报表进行了分析。本书详细地比较分析了 D 石化公司各部分的财务指标与有关数据，解读了财务分析指标背后所代表的资产、负债、利润、现金流的含义和质量，揭示了 D 石化公司的资产负债表、利润表、现金流量表数据背后隐藏的实际经营情况，展望了 D 石化公司可能存在的问题及未来发展前景。

本书可作为石化企业财务人员提高财务分析技能、对本企业进行财务报表分析的工具书。

图书在版编目（CIP）数据

炼化企业财务报表分析 / 黄让敏主编 . -- 北京：石油工业出版社，2024.12. -- ISBN 978-7-5183-6775-7

Ⅰ．F407.22

中国国家版本馆 CIP 数据核字第 202417WG72 号

出版发行：石油工业出版社
（北京安定门外安华里 2 区 1 号　100011）
网　　址：www.petropub.com
编辑部：（010）64523825　图书营销中心：（010）64523633
经　　销：全国新华书店
印　　刷：北京晨旭印刷厂

2024 年 12 月第 1 版　2024 年 12 月第 1 次印刷
710×1000 毫米　开本：1/16　印张：9.75
字数：172 千字

定价：100.00 元
（如出现印装质量问题，我社图书营销中心负责调换）
版权所有，翻印必究

《炼化企业财务报表分析》

编 写 组

主　　编：黄让敏

副 主 编：王洪涛　魏航宇　王美丽

成　　员：王明升　于　宁　喻　静　李　博　李　伟　李小刚

　　　　　田　畅　安　帆　恩　礼　樊婷婷　黄俊建　张姝琳

　　　　　刘玉璐　宋喜权　许　军　王法久　刘　冶　孙健楠

　　　　　李玉婷　刘那欣竹　鄂世佳　周丽娜

前 言

现代会计,是把复杂的经济活动及企业经营的成果转换为以货币为计量工具的会计语言。这些会计信息数据量庞大,但它也能被压缩成极为简洁的信息,即使是再大型的企业,它们在市场上创造的财富也都能压缩汇总成薄薄的几张财务报表。一方面,财务报表所透露的信息应该是全面而充分的;另一方面,这些报表所列示的信息又不可能过分透明,否则竞争对手会轻而易举地洞悉企业的商业机密。通过企业公开发布的财务数据信息,还原企业的真实财务状况,正确、客观地评价企业的经营活动,以利于投资人或债权人决策是否向企业投入资金或贷款是进行财务报表分析的重要目的,也是编写本书的重要初衷。

同时,现代企业竞争日趋激烈,对于企业经营者在内的所有管理者(以下简称信息使用者)而言,掌握如何将数据转化为信息,由信息转化为知识,最后再由知识付诸行动十分重要。编写本书最主要的目的就是为信息使用者提供这样一本"解码本",帮助信息使用者将企业财务报表所提供的会计数据转换为对决策有用的信息,及时发现企业经营管理中存在的问题并采取有效的对策,规避财务陷阱,提高投资回报率。

本书以大型石化公司D公司为分析案例,以D石化公司的资产负债表、利润表、现金流量表为例,以哈佛分析框架理论为架构,对D石化公司2018—2022年的财务状况进行了分析,解读财务分析指标背后所代表的资产、负债、利润、现金流的含义和质量,展望了D石化公司可能存在的问题及未来发展前景。希望本书能够为财务工作者,特别是石化企业财务人员提高财务分析技能提供必要的帮助。

本书在编写过程中获得了很多领导和同事的帮助和支持,其中参与编写和提供资料的有刘冶、孙健楠、李玉婷、刘那欣竹、鄂世佳和周丽娜等,经由黄让敏、王洪涛、魏航宇、王明升和王美丽审核,王洪涛负责统稿。在此,对他们的辛苦付出表示感谢!同时本书在编写过程中参阅了大量文献资料和国内外专家学者的最新研究成果,在此对这些作者表示衷心的感谢!

由于编者水平有限,书中难免出现疏漏与不足之处,敬请读者批评指正!

目　录

第一章　财务报表分析相关理论 ·· 1
第一节　财务报表概述 ·· 1
第二节　哈佛分析框架理论 ·· 21
第三节　财务状况分析相关指标 ··· 24
第四节　财务报表分析方法 ·· 57

第二章　炼化行业战略分析 ··· 67
第一节　D 石化公司企业简介 ·· 67
第二节　炼化企业宏观环境分析 ··· 69
第三节　炼化行业环境分析 ·· 72
第四节　价值链分析 ··· 80

第三章　石化公司会计分析 ··· 85
第一节　资产负债表分析 ·· 85
第二节　利润表分析 ··· 89
第三节　现金流量表分析 ·· 92

第四章　石化公司财务分析 ··· 95
第一节　公司偿债能力分析 ·· 95
第二节　公司营运能力分析 ···109
第三节　公司盈利能力分析 ···120
第四节　公司发展能力分析 ···125

第五章　炼化行业前景分析 ··· 132
　　第一节　炼化行业的发展趋势 ··· 132
　　第二节　炼化行业发展面临的机遇与挑战 ······················· 138
　　第三节　龙头炼化企业的发展思路 ·································· 140
　　第四节　成品油市场需求增速放缓 ·································· 142
　　第五节　化工行业综合景气指数回落 ······························ 144

参考文献 ··· 146

第一章 财务报表分析相关理论

财务报表是以数字和文字的方式对企业财务状况、经营成果和现金流量的一种结构性表述。这些数字反映了企业复杂的经济活动及其与外界竞争的结果。这些财务报表透露的信息丰富、充分，但不可能过分透明，以免被竞争对手轻而易举地洞悉企业的商业机密。本书的最主要目的就是帮助信息使用者将企业的财务报表所提供的财务数据转换为对决策者有用的信息，以满足不同信息使用者的需求。

通过阅读本章，读者可以了解财务报表的作用、财务报表最主要的构成部分，即资产负债表、利润表和现金流量表的具体内容与结构。同时，为了使报表使用者更好地利用"三张表"进行财务报表数据的同比分析，本章还介绍了财务报表近几年的重大变化，以及哈佛框架理论、财务分析指标与财务报表分析方法。

第一节 财务报表概述

财务报表是反映企业或预算单位一定时期资金、利润状况的会计报表，是对企业财务状况、经营成果和现金流量的结构性表述。财务报表包括资产负债表、利润表、现金流量表、所有者权益变动表和财务报表附注，如图1-1所示。

图1-1 财务报表的构成

很多人把财务报表称作反映企业经营状况的"晴雨表"。通过观察"晴雨表",可以了解天气状况,然后决定今天穿什么衣服、是否要带雨伞。财务报表也具有相似的功能。它可以全面地反映企业的经营成果和财务状况。管理者可以通过财务报表发现企业在经营过程中存在的问题,并据此调整经营管理策略。一个企业无论处于什么行业,规模有多大,用什么样的管理模式,财务部门都是必须存在的,也是投资者、上级领导、企业决策者特别注重的。例如,投资人和决策者如果想知道某段时间内企业的现金流量情况、企业的盈利情况,或者是当进行产品赊销时,赊销对象是否有能力支付等这些关系到企业发展及自身利益的事情,那么他们通过什么方式了解分析这些情况呢?他们了解本企业的财务情况及评价一个企业是否有能力支付现金的主要方法之一就是分析、研究财务报表。财务报表是对真实发生的事实的陈述。例如,公司销售一件产品单价是2000元,某企业购买了100套这种产品,它是通过现金支付的还是赊销,现金支付多少,赊销多少等。因此,一份财务报表就是以货币单位(如人民币)为表达方式,对真实情况所进行的陈述。

会计人员在编制财务报表时,以财务的专业术语阐述一个企业的财务情况和企业运行情况。根据财务报表所涵盖时间的不同,来具体反映某段时间内企业的一些特征。例如,企业的决策者想知道2022年第一季度产品销售情况和企业现金流量情况,以便考核本季度的业务情况,同时调整下一季度的工作内容。

报表所涵盖的时间可能短至一星期,也可能长达一年。企业的年度财务报表反映的是企业为期一年的运行情况;为期三个月编制的财务报表称为中期财务报表或季度财务报表;也有一个月甚至是一周一编的财务报表,这要根据企业的业务量及规模而定。本书中将讨论三张主要的财务报表,即资产负债表、利润表和现金流量表。

一、财务报表的作用

财务报表是财务报告的主要组成部分,它所提供的会计信息具有重要作用,主要体现在以下几个方面:

(1)全面系统地揭示企业一定时期的财务状况、经营成果和现金流量,有利于经营管理人员了解本单位各项任务指标的完成情况,评价管理人员的经营业绩,以便及时发现问题,调整经营方向,制定措施改善经营管理水平,提高经济效益,为经济预测和决策提供依据。

(2)有利于国家经济管理部门了解国民经济的运行状况。通过对各单位提供的财务报表进行汇总和分析，了解和掌握各行业、各地区的经济发展情况，以便宏观调控经济运行，优化资源配置，保证国民经济稳定持续发展。

（3）有利于投资者、债权人和其他有关各方掌握企业的财务状况、经营成果和现金流量情况，进而分析企业的盈利能力、偿债能力、投资收益、发展前景等，为他们投资、贷款和贸易提供决策依据。

（4）有利于满足财政、税务、工商、审计等部门监督企业经营管理。通过财务报表可以检查、监督各企业是否遵守国家的各项法律、法规和制度，有无偷税漏税的行为。

二、资产负债表简介

资产负债表是企业财务报表的重要组成部分，它反映了企业在某一特定日期的资产、负债和所有者权益的情况。企业管理者应重视资产负债表的编制和分析，以便更好地了解企业的财务状况和经营情况，制定合理的经营决策。

1. 资产负债表的内容

资产负债表是企业财务报表的一种，它反映了企业在某一特定日期的资产、负债和所有者权益的情况。资产负债表是企业财务状况的重要指标，它可以帮助企业管理者了解企业的财务状况，制定合理的经营决策。

资产负债表分为两部分，即资产部分和负债及所有者权益部分。资产部分包括流动资产和非流动资产，负债及所有者权益部分包括流动负债、非流动负债和所有者权益。

流动资产指企业在一年内可以变现或消耗的资产，如现金、存货、应收账款等。非流动资产指企业在一年以上可以变现或消耗的资产，如固定资产、无形资产等。

流动负债指企业在一年内需要偿还的债务，如应付账款、短期借款等。非流动负债指企业在一年以上需要偿还的债务，如长期借款、应付债券等。所有者权益指企业所有者对企业的投资和收益，包括股本、资本公积、盈余公积等。资产负债表的编制需要遵循会计准则和会计政策，确保财务报表的准确性和可比性。企业管理者可以通过资产负债表了解企业的资产结构、负债结构和所有者权益结构，分析企业的财务状况和经营情况，制定合理的经营决策。

2. 资产负债表的结构

资产负债表是静态的报表。它根据"资产 = 负债 + 所有者权益"这一基本会计等式，依照一定的分类标准和一定的次序，把企业在一定时日的资产、负债和所有者权益各项目予以适当排列而成。静态报表指从某一时点（如月末、季末、年末等）来反映企业情况的会计报表。资产负债表由表头、表身和表尾等部分组成。表头部分应列明报表名称、编表单位名称、编制日期和金额计算单位；表身部分反映资产、负债和所有者权益的内容，是资产负债表的主体和核心；表尾部分为补充说明。

资产负债表的项目，可分为资产、负债和所有者权益三类，并分别计算出合计金额。资产类和负债类项目是按流动性划分的，并按流动性大小的顺序在表中排列。资产类项目按其变现及耗用的周期可分为流动资产项目和非流动资产项目。因此，流动资产项目列示在左上方，非流动资产项目列示在左下方。其中，流动资产项目又按货币资金、交易性金融资产、应收账款、预付账款、其他应收款、存货等顺序排列；非流动资产项目按长期应收款、固定资产等顺序排列。

负债类项目按其偿还期分为流动负债项目与非流动负债项目。流动负债项目列示在资产负债表右上方，其下面是长期负债项目。流动负债项目又分为短期借款、应付账款、预收款项、应付职工薪酬、应交税费、应付股利、其他应付款、一年内到期的非流动负债等；非流动负债又分为长期借款、应付债券等。

所有者权益类项目分为实收资本、资本公积、盈余公积和未分配利润等项目，列示在资产负债表的右下方，见表1-1。

3. 资产负债表列报要求

资产负债表中的资产反映由过去的交易、事项形成，并由企业在某一特定日期所拥有或控制的、预期会给企业带来经济利益的资源。根据《企业会计准则第30号——财务报表列报》的规定，资产应当按照流动资产和非流动资产两大类别在资产负债表中列示，在流动资产和非流动资产类别下进一步按性质分项列示。

1）流动资产和非流动资产的划分

资产满足下列条件之一的，应当归类为流动资产：

（1）预计在一个正常营业周期中变现、出售或耗用。这主要包括存货、应收账款等资产。需要指出的是：变现一般针对应收账款等而言，指将资产变为现金；出售一般针对产品等存货而言；耗用一般指将存货（如原材料）转变成另一种形态（如产成品）。

表1-1 资产负债表示例

编制单位：　　　　　　　　　　　　　　　年　月　　　　　　　　　　　　　　　单位：元

资产	行次	年初数	期末数	资产	行次	年初数	期末数
流动资产				流动负债			
货币资金	1			短期借款	100		
其中：银行存款	2			交易性金融负债	101		
内部存款	3			衍生金融负债	102		
交易性金融资产	4			应付票据	103		
衍生金融资产	5			应付账款	104		
应收票据	6			其他应付款	105		
应收利息	7			内部存入款	106		
应收股利	8			短期负息资金	107		
应收账款	9			应付内部单位款	108		
减：坏账准备	10			预收账款	109		
应收账款净额	11			预收下级单位款	110		
应收款项融资	12			合同负债	111		
其他应收款	13			应付职工薪酬	112		
减：坏账准备	14			应付股利	113		
其他应收款净额	15			应付利息	114		
	16				115		

— 5 —

续表

资产	行次	年初数	期末数	资产	行次	年初数	期末数
短期负息资金拨款	17			应交税费	116		
应收内部单位款	18			预提费用	117		
预付账款	19			持有待售负债	118		
减：坏账准备	20			一年内到期的非流动负债	119		
预付上级单位款	21			其中：一年内到期的长期借款	120		
	22			一年内到期的租赁负债	121		
存货	23			一年内到期的应付债券	122		
减：存货跌价准备	24			一年内到期的长期应付款	123		
存货净额	25			其他流动负债	124		
合同资产	26			其中：应付短期债券	125		
减：合同资产减值准备	27			一年内到期的应交税费－待转销项税	126		
合同资产净额	28			流动负债合计	127		
待摊费用	29			非流动负债	128		
持有待售资产	30			递延收益	129		
一年内到期的非流动资产	31			长期借款	130		
其他流动资产	32			应付债券	131		
流动资产合计	33			其中：优先股	132		

— 6 —

续表

资产	行次	年初数	期末数	资产	行次	年初数	期末数
非流动资产				永续债	133		
债权投资	34			长期应付款	134		
减：债权投资减值准备	35			减：未确认融资费用	135		
债权投资净额	36			长期应付款净额	136		
其他债权投资	37			租赁负债	137		
长期股权投资	38			长期应付职工薪酬	138		
减：长期股权投资减值准备	39			专项应付款	139		
长期股权投资净额	40			长期负息资金	140		
其他权益工具投资	41			内部拨入款	141		
其他非流动金融资产	42			预计负债	142		
长期应收款	43			其中：资产弃置义务	143		
未实现融资收益	44			递延所得税负债	144		
长期应收款净值	45			其他非流动负债	145		
减：坏账准备	46			其中：超一年到期应交税费－待转销项税	146		
长期应收款净额	47			非流动负债合计	147		
内部拨出款	48			负债合计	148		
	49						

— 7 —

续表

资产	行次	年初数	期末数	资产	行次	年初数	期末数
长期计息资金拨款	50			所有者权益（或股东权益）	149		
拨付所属单位资金	51			实收资本（股本）	150		
投资性房地产原价	52			国家资本	151		
减：投资性房地产累计折旧及摊销	53			国有法人资本	152		
投资性房地产净值	54			集体资本	153		
减：投资性房地产减值准备	55			民营资本	154		
投资性房地产净额	56			其中：个人资本	155		
固定资产原价	57			外商资本	156		
减：累计折旧	58			减：已归还投资	157		
固定资产净值	59			实收资本（或股本）净额	158		
减：固定资产减值准备	60			其他权益工具	159		
固定资产净额	61			其中：优先股	160		
油气资产原价	62			永续债	161		
减：累计折耗	63			资本公积	162		
油气资产净值	64			减：库存股	163		
减：油气资产减值准备	65			专项储备	164		
油气资产净额	66			其他综合收益	165		

续表

资产	行次	年初数	期末数	资产	行次	年初数	期末数
工程物资	67			其中：外币报表折算差额	166		
减：工程物资减值准备	68			盈余公积	167		
工程物资净额	69			其中：法定公积金	168		
在建工程	70			任意公积金	169		
减：在建工程减值准备	71			储备基金	170		
在建工程净额	72			企业发展基金	171		
地质勘探支出	73			利润归还投资	172		
减：地质勘探支出减值准备	74			未分配利润	173		
地质勘探支出净额	75			上级拨入资金	174		
油气开发支出	76			归属于母公司所有者权益合计	175		
减：油气开发支出减值准备	77			少数股东权益	176		
固定资产清理	78				177		
无形资产	79				178		
减：累计摊销	80				179		
无形资产净值	81				180		
减：无形资产减值准备	82				181		
	83				182		

续表

资产	行次	年初数	期末数	资产	行次	年初数	期末数
无形资产净额	84				183		
开发支出	85				184		
商誉	86				185		
减：商誉减值准备	87				186		
商誉净额	88				187		
长期待摊费用	89				188		
使用权资产	90				189		
减：使用权资产折旧	91				190		
使用权资产净值	92				191		
减：使用权资产减值准备	93				192		
使用权资产净额	94				193		
地质成果	95				194		
递延所得税资产	96				195		
其他非流动资产	97				196		
非流动资产合计	98			所有者权益（或股东权益）合计	197		
资产总计	99			负债及股东权益合计	198		

（2）主要为交易目的而持有。例如，一些根据《企业会计准则第22号——金融工具确认和计量》划分的交易性金融资产。

（3）预计在资产负债表日起一年内（含一年，下同）变现。

（4）自资产负债表日起一年内，交换其他资产或清偿负债的能力不受限制的现金或现金等价物。而流动资产以外的资产应当归类为非流动资产。

2）流动负债和非流动负债的划分

流动负债的划分与资产类似，负债满足下列条件之一的，应划分为流动负债：

（1）预计在一个正常营业周期中清偿。

（2）主要为交易目的而持有。

（3）自资产负债表日起一年内到期应予以清偿。

（4）企业无权自主地将清偿推迟至资产负债表日后一年以上。

在实务中，并不是生搬硬套地使用上述原则，而是需要结合业务实质进行相应判断，例如原本是一项长期负债，但因企业前期违约事件的影响，金融机构要求企业一年内偿还上述负债，则在报表中应该将上述长期负债作为流动负债列报。

三、利润表简介

1. 利润表的内容

通常，利润表主要反映以下几方面的内容：

（1）构成主营业务利润的各项要素。从主营业务收入出发，减去为取得主营业务收入而发生的相关费用、税金后得出主营业务利润。

（2）构成营业利润的各项要素。营业利润在主营业务利润的基础上，加其他业务利润，减销售费用、管理费用、财务费用后得出。

（3）构成利润总额（或亏损总额）的各项要素。利润总额（或亏损总额）在营业利润的基础上加（减）投资收益（损失）、补贴收入、营业外收支后得出。

（4）构成净利润（或净亏损）的各项要素。净利润（或净亏损）在利润总额（或亏损总额）的基础上，减去本期计入损益的所得税费用后得出。

2. 利润表的结构

利润表一般有表首、正表两部分。其中，表首说明报表名称、编制单位、编制日期、报表编号、货币名称、计量单位等；正表是利润表的主体，反映形成经营成果的各个项目和计算过程，所以曾经将这张表称为损益计算书，见表1-2。

表1-2 利润表示例

编制单位：　　　　　　　　　　　　年　月　　　　　　　　　　　　单位：元

项目	行次	本月数	本年累计	上年同期
一、营业收入	1			
减：营业成本	2			
税金及附加	3			
其中：主营税金及附加	4			
销售费用	5			
管理费用	6			
研发费用	7			
财务费用	8			
勘探费用	9			
资产减值损失	10			
信用减值损失	11			
加：公允价值变动净收益（净损失以"-"填列）	12			
投资净收益（净损失以"-"填列）	13			
其中：对联营企业和合营企业的投资收益	14			
净敞口套期收益（损失以"-"填列）	15			
资产处置收益（损失以"-"填列）	16			
其他收益	17			
二、营业利润（亏损以"-"填列）	18			
加：营业外收入	19			
减：营业外支出	20			
三、利润总额（亏损总额以"-"填列）	21			
减：所得税费用	22			
上缴利润（补亏以"-"填列）	23			
四、净利润（净亏损以"-"填列）	24			

续表

项目	行次	本月数	本年累计	上年同期
（一）归属于母公司所有者的净利润	25			
（二）少数股东损益	26			
（Ⅰ）持续经营净利润	27			
（Ⅱ）终止经营净利润	28			
五、每股收益	29			
基本每股收益	30			
稀释每股收益	31			
六、其他综合收益税后净额	32			
归属于母公司所有者的其他综合收益的税后净额	33			
（一）不能重分类进损益的其他综合收益	34			
1. 重新计量设定受益计划变动额	35			
2. 权益法下不能转损益的其他综合收益	36			
3. 其他权益工具投资公允价值变动	37			
4. 企业自身信用风险公允价值变动	38			
5. 其他	39			
（二）将重分类进损益的其他综合收益	40			
1. 权益法下可转损益的其他综合收益	41			
2. 其他债权投资公允价值变动	42			
3. 金融资产重分类计入其他综合收益的金额	43			
4. 其他债权投资信用减值准备	44			
5. 现金流量套期储备（套期有效部分）	45			
6. 外币财务报表折算差额	46			
7. 其他	47			
归属于少数股东的其他综合收益的税后净额	48			
七、综合收益总额	49			
归属于母公司所有者的综合收益总额	50			
归属于少数股东的综合收益总额	51			

四、现金流量表简介

现金流量表反映了企业在一定期间内现金流入和流出情况，揭示了企业获取和运用现金的能力。对现金流量表进行分析，不仅可以评价企业获取现金的能力，并且使得偿债能力和收益能力的评价更加全面。现金流量表分析主要包括现金流量分析、现金流量表补充资料分析和现金流量财务比率分析。

1. 现金流量表内容

1）经营活动产生的现金流量

经营活动指企业投资活动和筹资活动以外的所有交易和事项。

经营活动现金流入主要包括销售商品、提供劳务收到的现金（不包括收到的增值税销项税额、扣除因销货退回支付的现金），收到的租金，收到的增值税销项税额和退回的增值税款，收到的除增值税以外的其他税费返还，收到的其他与经营活动有关的现金。

经营活动现金流出主要包括购买商品、接受劳务支付的现金（不包括能够抵扣增值税销项税额的进项税额，扣除因购货退回收到的现金），经营租赁支付的租金，支付给职工以及为职工支付的现金，支付的增值税款（不包括不能抵扣增值税销项税额的进项税额），支付的所得税款，支付的除增值税、所得税以外的其他税费，支付的其他与经营活动有关的现金。

2）投资活动产生的现金流量

投资活动指企业长期资产的购建和不包括在现金等价物范围内的投资及其处置活动。

投资活动现金流入主要包括处置固定资产、无形资产和其他长期资产收到的现金净额（如为负数，应作为投资活动现金流出项目反映），收回投资所收到的现金，分得股利或利润收到的现金，取得债券利息收入收到的现金，收到的其他与投资活动有关的现金。

投资活动现金流出主要包括购建固定资产、无形资产和其他长期资产支付的现金，权益性投资支付的现金，支付的其他与投资活动有关的现金。

3）筹资活动产生的现金流量

筹资活动指导致企业资本及债务规模和构成发生变化的活动。

筹资活动现金流入主要包括吸收权益性投资收到的现金，发行债券收到的现金，借款收到的现金，收到的其他与筹资活动有关的现金。

筹资活动现金流出主要偿还债务支付的现金，发生筹资费用所支付的现金，分配股利或利润所支付的现金，偿付利息支付的现金，融资租赁支付的现金，减少注册资本支付现金，支付的其他与筹资活动有关的现金。

2. 现金流量表的结构

现金流量表的结构见表1-3。

五、财务报表近几年的重大变化

根据财政部《关于修订印发2019年度一般企业财务报表格式的通知》，结合2018年已经做出的部分修订，企业财务报表主要变化如下：

（1）资产负债表主要是归并或拆分原有项目。

①"应收票据及应收账款"项目拆分为"应收票据"和"应收账款"两个项目。

②"应收利息"及"应收股利"项目归并至"其他应收款"项目。

③"固定资产清理"项目归并至"固定资产"项目。

④"工程物资"项目归并至"在建工程"项目。

⑤"应付票据应付账款"项目拆分为"应付票据"和"应付账款"两个项目。

⑥"应付利息"及"应付股利"项目归并至"其他应付款"项目。

⑦"专项应付款"项目归并至"长期应付款"项目。

⑧"持有待售资产"行项目及"持有待售负债"行项目核算内容发生变化。

⑨资产负债表所有者权益项下新增"专项储备"项目，反映高危行业企业按国家规定提取的安全生产费用的期末账面价值。该项目根据"专项储备"项目的期末余额填列。

（2）利润表主要是拆分项目，并对部分项目的先后顺序进行调整，同时简化部分项目的表述。

①新增"研发费用"项目，从"管理费用"项目中分拆"研发费用"项目。

②在"财务费用"项目下增加"利息费用"和"利息收入"明细项目。

③"其他收益""资产处置收益""营业外收入""营业外支出"行项目核算内容调整。

④"权益法下在被投资单位不能重分类进损益的其他综合收益中享有的份额"简化为"权益法下不能转损益的其他综合收益"。

表 1-3 现金流量表示例

编制单位：　　　　　　　　　　　　　　年　月　　　　　　　　　　　金额单位：元

项目	行次	本月实际金额	本年实际金额	上年同期金额	项目	行次	本月实际金额	本年实际金额	上年同期金额
一、经营活动产生的现金流量					收到其他与筹资活动有关的资金	50			
销售商品、提供劳务收到的现金	1				筹资活动现金流入小计	51			
客户存款和同业存放款项净增加额	2				偿还债务支付的现金	52			
向中央银行借款净增加额	3				偿还短期负息资金拨入款（收回短期负息资金拨出款以"－"填列）	53			
向其他金融机构拆入资金净增加额	4				偿还长期负息资金拨入款（收回长期负息资金拨出款以"－"填列）	54			
收到原保险合同保费取得的现金	5				总部吸收内部拨入款减少（内部存入款增加则为零）	55			
收到再保业务现金净额	6				总部发放负息资金拨款	56			
保户储金及投资款净增加额	7				分配股利、利润或偿还利息支付的现金	57			
处置以公允价值计量且其变动计入当期损益的金融资产净增加额	8				其中：子公司支付给少数股东的股利、利润	58			
收取利息、手续费及佣金的现金	9				向股份公司总部上交的利润	59			
拆入资金净增加额	10				支付其他与筹资活动有关的现金	60			
	11								

— 16 —

续表

项目	行次	本月实际	本年实际金额	上年同期金额	项目	行次	本月实际	本年实际金额	上年同期金额
回购业务资金净增加额	12				筹资活动现金流出小计	61			
收到的税费返还	13				筹资活动产生的现金流量净额	62			
收到其他与经营活动有关的现金	14				四、汇率变动对现金及现金等价物的影响	63			
经营活动现金流入小计	15				五、现金及现金等价物净增加额	64			
购买商品、接受劳务支付的现金	16				加：期初现金及现金等价物余额	65			
客户贷款及垫款净增加额	17				六、期末现金及现金等价物余额	66			
存放中央银行和同业款项净增加额	18				附表部分	67			
支付原保险合同赔付款项的现金	19				1.将净利润调节为经营活动的现金流量	68			
支付利息、手续费及佣金的现金	20				净利润	69			
支付保单红利的现金	21				加：资产减值准备	70			
支付给职工以及为职工支付的现金	22				信用资产减值损失	71			
支付的各项税费	23				固定资产折旧、油气资产折耗	72			
支付其他与经营活动有关的现金	24				无形资产摊销	73			

续表

项目	行次	本月实际	本年实际金额	上年同期金额
经营活动现金流出小计	25			
经营活动产生的现金流量净额	26			
二、投资活动产生的现金流量	27			
收回投资收到的现金	28			
取得投资收益收到的现金	29			
处置固定（油气）资产、无形资产和其他长期资产收回的现金净额	30			
处置子公司及其他营业单位收到的现金净额	31			
收到其他与投资活动有关的现金	32			
投资活动现金流入小计	33			

项目	行次	本月实际	本年实际金额	上年同期金额
使用权资产折旧及长期待摊费用摊销	74			
待摊费用减少（增加以"-"填列）	75			
预提费用增加（含专项储备净增加额）（减少以"-"填列）	76			
处置固定资产、无形资产和其他长期资产的损失（收益以"-"填列）	77			
固定资产报废损失（收益以"-"填列）	78			
公允价值变动损失（收益以"-"填列）	79			
财务费用（收益以"-"填列）	80			
地质勘探费用	81			
投资损失（收益以"-"填列）	82			

续表

项目	行次	本月实际	本年实际金额	上年同期金额	项目	行次	本月实际	本年实际金额	上年同期金额
购建固定（油气）资产、无形资产和其他长期资产支付的现金	34				递延所得税资产减少（增加以"—"填列）	83			
投资支付的现金	35				递延所得税负债增加（减少以"—"填列）	84			
质押贷款净增加额	36				存货的减少（增加以"—"填列）	85			
取得子公司及其他营业单位支付的现金净额	37				经营性应收项目的减少（增加以"—"填列）	86			
支付其他与投资活动有关的现金	38				经营性应付项目的增加（减少以"—"填列）	87			
投资活动现金流出小计	39				其他	88			
投资活动产生的现金流量净额	40				经营活动产生的现金流量净额	89			
三、筹资活动产生的现金流量	41				2. 租赁业务现金总流出	90			
吸收投资收到的现金	42				其中：短期租赁、低价值租赁、可变租赁付款额等计入经营活动的租金支出	91			

续表

项目	行次	本月实际	本年实际金额	上年同期金额
其中：子公司吸收少数股东投资收到的现金	43			
吸收股份公司上级拨款注资收到的现金	44			
总部吸收内部存入款（内部存入款减少则为零）	45			
取得借款收到的现金	46			
收到短期负息资金拨入款（净归还负息资金则为零）	47			
收到长期负息资金拨入款（净归还负息资金则为零）	48			
总部收回长短期负息资金拨款（负息资金拨款净增增加则为零）	49			
因偿付租赁负债计入筹资活动的租金支出	92			
3.现金及现金等价物净变动情况	93			
现金的期末余额	94			
减：现金的年初余额	95			
加：现金等价物的期末余额	96			
减：现金等价物的年初余额	97			
现金及现金等价物净增加额	98			

⑤ 将利润表"减：资产减值损失"调整为"加：资产减值损失（损失以'-'填列）"。

（3）所有者权益变动表主要落实《〈企业会计准则第 9 号——职工薪酬〉应用指南》对于在权益范围内转移"重新计量设定收益计划净负债或净资产所产生的变动"时增设项目的要求。新增"设定受益计划净负债或净资产发生的变动"时增设项目的要求。新增"设定受益计划变动额结转留存收益"项目；根据资产负债的变化，在所有者权益变动表新增"专项储备"项目。

财务报表列报项目调整的总体指导：对于同类型且不单独列示不影响对于财报信息理解的项目予以合并，如"应付利息""应收票据"的简并；对于需要单独列示从而使得信息使用者能够更好地解读财务报表部分予以增加，如新增的"研发费用""资产处置收益"，前者的单独列报使得信息使用者了解企业在研发方面的投入，从而评估企业管理层对于研发的态度和未来竞争潜力，后者的单独列报可以将企业持续经营收益和处理资产的收益在主表上明确区分，从而方便信息使用者更全面地评估企业本年收益的情况。

第二节　哈佛分析框架理论

财务报表分析是从财务角度对企业的一次全面体检，传统的财务报表分析更多的是对企业内部经营情况数据的分析，对各个要素模块的分析缺乏宏观背景下的统一系统性的分析，从而导致财务分析的片面性。如果分析者没有对企业所处的环境和经营性战略进行分析，容易就数据论数据，使财务分析成为一种重形式轻实质的数字游戏。本书以哈佛分析框架为基础对 D 石化公司的财务情况进行分析。

一、哈佛分析框架的比较优势

哈佛分析框架是由哈佛大学的克里希佩普、保罗希利和密歇根大学的维克多伯纳德在《运用财务报表进行企业分析与估价》一书中创造性地提出的。

哈佛分析框架包括战略分析、会计分析、财务分析及前景分析，如图 1-2 所示。

图 1-2　哈佛分析框架示意图

（1）战略分析：企业战略从整体上决定企业未来的发展方向并为实现企业目标服务，所以战略分析成为企业财务报表分析的出发点。战略分析作为非财务信息是对传统财务报表分析的补充，也是哈佛分析框架的独特之处，通过对企业战略的分析，分析者可以为外部利益相关者提供企业目标、发展趋势、市场格局等相关信息。战略分析在一定程度上反映企业管理现状，可以作为评价企业管理水平的依据，进而为财务报表分析奠定基础。

（2）会计分析：会计分析的目的是确定会计数据是完整的、准确的。数据完整而准确，是财务报表分析的前提。数据的完整性，就是保证所有应该入账的数据已经入账，没有遗漏；具体来说，就是看有没有跨期确认收入、成本费用的，有没有少计提的（或者多计提的），有没有漏掉没有入账（或者多入账的）等。数据的准确性，就是数据来源问题，即数据来源可不可靠。会计数据是直接来自业务系统的数据，还是经手工处理过的数据；是经过核对的数据，还是原始数据等。

（3）财务分析：经过会计分析的确认，会计数据是完整和准确的，接下来可以放心地做财务分析，即通过一些财务指标分析企业的获利能力、资产质量、现金流量等情况。哈佛分析框架下的财务分析并不是单纯分析企业会计数据，而是结合企业所处的行业环境及企业发展战略解释会计数据所表达的内涵。

（4）前景分析：前景分析不同于传统财务报表分析的企业发展能力分析，企业未来发展前景是企业战略定位、产业环境及企业财务能力综合的结果，而不仅仅是从财务指标增长率来评价。分析企业发展前景时应注重企业能否发挥自身技术优势以及企业的竞争能力。具备较强竞争能力的企业即使短期业绩不达预期，长期来看依然具有较好的投资前景。

哈佛分析框架不仅站在企业战略的高度对企业进行评价，更将战略分析作为财务报表分析的逻辑起点，通过战略分析，对企业经营活动的经济意义进行定性分析，为后续的会计分析和财务分析中的定量分析奠定现实的管理场景及正确的分析方向。哈佛分析框架是管理学领域中常用的分析工具之一，它具有以下优点：

（1）财务分析系统性强。哈佛分析框架是一个分析问题的系统性工具，它将问题从多个不同的角度进行分析，而这些角度相互独立，又相互影响。通过系统性的分析，可以发现问题的本质和复杂性，消除对问题的困惑和误解。对于公司的复杂问题，哈佛分析框架将能够帮助人们更完整地了解问题，制订最为合适的解决方案。

（2）分析决策实用性强。哈佛分析框架的可操作性极强，无论是进行思考还是决策，在使用过程中都能够根据不同的情况灵活调整。它能够迅速识别问题，并从问题的各个角度进行分析和解决，快速地找到最合适的解决方案。

二、哈佛分析框架的研究思路

哈佛分析框架是四重维度的分析和整合：第一维度战略分析，是财务报表分析的起点。通过战略分析对公司经营的经济意义进行定性分析，以便后续的会计和财务分析建立在公司现实情况的基础上，同时通过战略分析确认公司的利润动因和主要风险，从而评估公司当前业绩的可持续性，并对未来业绩做出现实预测。通过战略分析还能了解行业所处阶段和公司所处产业链的位置及主要竞争对手的战略布局。第二维度会计分析，通过确认会计弹性的存在及评估会计政策和估计的恰当性，评价公司会计数字的歪曲程度，甚至可以通过运用现金流量和脚注信息消除会计歪曲，重新计算公司的会计数据。第三维度财务分析，运用比率分析和现金流量分析进行横向和纵向比较，从而得出公司真实的经营情况、潜在的财务风险及在行业所处的位置。第四维度前景分析，根据前文分析并结合所处宏观环境预测企业未来发展和业绩趋势及评估价值。以上四个维度中，第一维度高于其他三个维度，如图 1-3 所示。

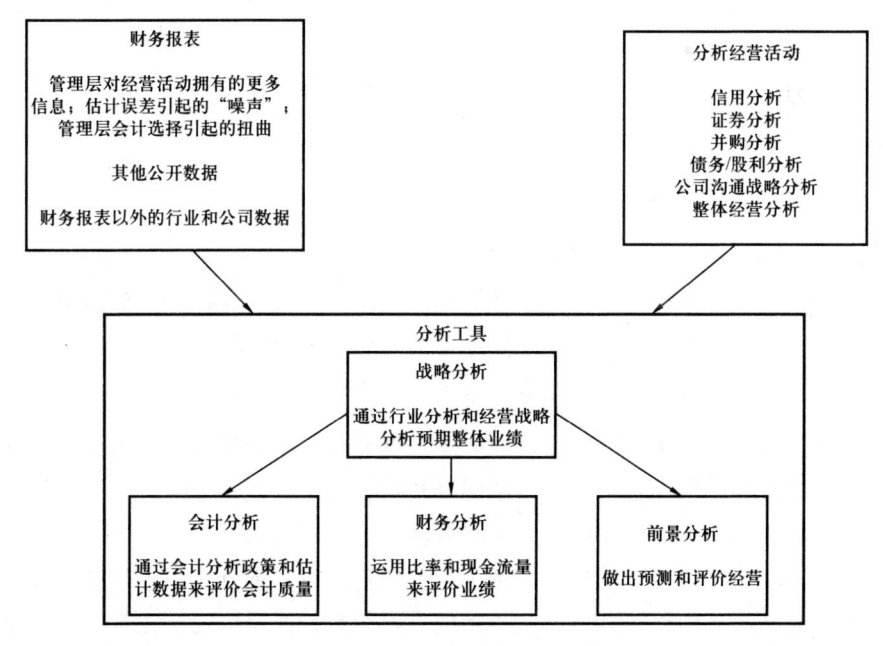

图 1-3 哈佛分析框架的研究思路

第三节　财务状况分析相关指标

财务指标分析指总结和评价企业财务状况与经营成果的分析指标，包括偿债能力指标、营运能力指标、盈利能力指标和发展能力指标。

一、偿债能力指标

偿债能力指企业清偿到期债务的现金保障程度，即企业偿还全部到期债务的现金保证程度。企业的经营不可能完全依赖股东的投资，而实现所谓的"无债经营"。偿债能力分析包括短期偿债能力分析和长期偿债能力分析。相应地，分析指标也包括短期偿债能力和长期偿债能力。

1. 短期偿债能力指标

短期偿债能力指企业用流动资产偿还流动负债的现金保障程度。对短期偿债能力分析主要侧重于研究企业流动资产与流动负债的关系，以及资产变现速度的快慢。反映企业短期偿债能力的财务指标主要有营运资本、流动比率、速动比率、现金比率、现金流动负债比率和现金到期债务比率。

1）营运资本

营运资本指流动资产超过流动负债的部分。营运资本是用于计算企业短期偿债能力的绝对指标。企业能否偿还短期债务，要看有多少债务，以及有多少可以变现偿债的流动资产等。

营运资本的计算公式如下：

营运资本 = 流动资产 − 流动负债
　　　　 =（总资产 − 非流动资产）−（总资产 − 股东权益 − 非流动负债）
　　　　 =（股东权益 + 非流动负债）− 非流动资产
　　　　 = 长期资本 − 长期资产

营运资本为正数，表明长期资本大于长期资产，超出部分可以用于补充流动资产。营运资本的数额越大，财务状况越稳定。简而言之，全部流动资产都有营运资本提供资金来源，企业没有任何偿债压力。

营运资本为负数，表明长期资本小于长期资产，有部分长期资产需由流动负债提供资金来源。由于流动负债在1年内需要偿还，而长期资产在1年内不能变现，因此企业偿债所需现金不足，必须设法另外筹资，财务状况很不稳定。

如果营运资本为零，即流动资产与流动负债相等，并不足以保证企业的偿债能力，因为债务的到期与流动资产的形成并不一定同步、同量。企业必须保持流动资产大于流动负债，保证有一定数额的营运资本作为缓冲，以防止长期资产占用长期资本。

应用营运资本指标分析时，应注意以下几个问题：

（1）营运资本合理性判断。营运资本的合理性指营运资本的数量以多少为宜。短期债权人希望营运资本越多越好，这样就可以减少贷款风险。因为营运资本短缺，就会迫使企业为了维持正常的经营和信用，被迫按不合适的利率进行借款，从而加大企业的利息支出并影响企业的股利支付能力。但是过多地持有营运资本也不好。流动资产与长期资产相比，流动性强、风险小，但获利性差，过多的流动资产不利于企业提高获利能力。因此，企业应保持适当的营运资本规模。

（2）不同企业营运资本可能没有可比性。由于营运资本与经营规模有联系，因此同一行业不同规模企业之间的营运资本也缺乏可比性，即使规模差不多，也不一定具有可比性，需要具体问题具体分析。例如，A公司的营运资本为300万元（流动资产为450万元，流动负债为150万元），B公司的营运资本与A公司相同，也是300万元（流动资产为1300万元，流动负债为1000万元）。但是，它们的偿债能力显然不同，A公司的偿债能力比B公司强。因此，在实务中很少直接使用营运资本作为偿债能力的指标。营运资本的合理性主要通过流动性存量比率来评价。

（3）营运资本为负数不一定说明企业偿债能力差，这需要看公司的商业模式和竞争能力。具有强大竞争优势的公司，在上下游产业链中具备很强的谈判能力，营运资本就极有可能是负数：如果上游多家供应商的客户只有一家公司，则该公司对供应商具有很强的谈判能力，可以获得较低的价格和较长的信用期，从而在报表中形成较多的应付账款；同时下游的众多客户只能从该公司采购，则该公司对下游客户具有很强的定价能力，可以用较高的价格和较短的信用期进行销售，甚至是采用预收货款方式进行销售。在这种情况下，公司的营运资本无须自己投入，可能会形成负数。此时的负数，不仅不是公司陷入财务危机的表现，反而是公司竞争优势的体现。

2）流动比率

流动比率是流动资产与流动负债的比率。它是衡量企业流动资产的大小，判明企业短期债务偿还能力最通用的比率。计算公式如下：

$$流动比率 = 流动资产 \div 流动负债$$

流动比率假设全部流动资产都可以用于偿还短期债务，它表明企业每一元流动负债有多少流动资产作为偿还保障，反映企业可在短期内转变为现金的流动资产偿还到期流动负债的能力。

流动比率是相对数，排除了企业规模不同的影响，更适合同业比较以及本企业不同历史时期的比较。

流动比率计算简单，所以应用广泛。一般情况下流动比率越高，反映企业短期偿债能力越强；从债权人角度看，流动比率越高，表明流动资产超过流动负债的营运资本也越多，一旦面临企业清算时，则具有巨额的营运资本作为缓冲，可以减少资产变现的损失，确保债权人得以足额清偿。

应用流动比率分析时应注意以下问题：

（1）不存在统一的、标准的流动比率数值。不同行业的流动比率，通常有明显差别。只有和同行业平均流动比率、本企业历史的流动比率进行比较，才能得出流动比率的优劣。但是想找出流动比率过高及过低的原因，还必须分析流动资产和流动负债所包括的内容以及经营上的因素。

（2）流动比率假设全部流动资产都可以变为现金并用于偿债，全部流动负债都需要还清。实际上，有些流动资产的账面金额与变现金额有较大差异，如产成品等；经营性流动资产是企业持续经营所必需的，不能全部用于偿债；经营性应付项目可以滚动存续，无须动用现金全部结算。因此，流动比率是对短期偿债能力的粗略估计。

（3）流动比率分析指标是静态性而非动态性的。流动比率指标的计算均来自资产负债的时点指标，只能表示企业在某一特定时刻一切可用资源及需偿还债务的状态或存量，与未来资金流量并无因果关系。而资产的变现和债务的偿还则是动态的。如果只注重静态结果，就会忽略企业在经营活动中产生的偿债能力。

（4）一般认为流动比率为2时，企业偿还短期债务的能力比较强，企业在短期内是比较安全的；流动比率小于1是一个警告信号，说明企业有可能无法及时偿还即将到期的债务。当然，也不尽然。例如沃尔玛，在20世纪70年代曾经流动比率高达2.4，可以说很安全，但经过近50年发展，近几年流动比率都低于1，2012年最低仅为0.83，显示流动资产已经不足。但进一步看一下应收账款和应付账款的天数，沃尔玛收钱基本上都是信用卡7天到账，而付款系统都是30天付给供货商，所以沃尔玛收钱很快，付款很慢，这样沃尔玛的现金流很稳定，那么它就没有必要存放太多现金在手上。这其实正是沃尔玛的核心竞争力所在，虽然对于一般企业，流动比率小于1就是财务预警了。

（5）过高的流动比率可能是反映企业财务结构不尽合理的一种信息。例如：企业某些环节的管理较为薄弱，从而导致企业应收账款或存货等方面资金占用较多；企业可能因经营意识较为保守而不愿扩大负债经营的规模；企业在以发行股票、增资配股或举借长期借款、债券等方式筹得资金后尚未充分投入营运等。但就总体而言，过高的流动比率主要反映了企业的资金没有得到充分利用，而该比率过低，则说明企业偿债能力较差，企业的安全性较弱。

3）速动比率

速动比率是速动资产与流动负债的比率，用于衡量企业流动资产中可以立即用于偿付流动负债的能力，其计算公式如下：

$$速动比率 = 速动资产 \div 流动负债$$

构成流动资产的各个项目的流动性有很大差别。其中，货币资金、交易性金融资产和各种应收、预付款项等，可以在较短的时间内变现，称为速动资产；另外的流动资产，包括存货、一年内到期的非流动资产等，称为非速动资产。

与流动比率一样，不同行业的速动比率有很大差别。例如，采用大量现金销售的商店，几乎没有应收账款，速动比率大大低于 1 是正常的。相反，一些应收账款较多的企业，速动比率可能要大于 1。

应用速动比率分析时应注意以下问题：

（1）影响速动比率可信性的重要因素是应收账款的变现能力。账面上的应收账款不一定能变现，实际的坏账可能比企业计提的减值准备要多；季节性的变化，可能使报表上的应收账款数额不能反映平均水平。

（2）速动比率同流动比率一样，它并不代表企业长期的财务状况。企业为筹借资金可能会粉饰速动比率，作为债权人应进一步对企业整个会计期间和不同会计期间的速动资产、流动资产和流动负债情况进行分析。

（3）在运用速动比率分析公司短期偿债能力时，应结合应收账款的规模、周转速度和其他应收款的规模，以及它们的变现能力进行综合分析。如果某公司速动比率虽然很高，但应收账款的周转速度慢，且其他应收款的规模大，变现能力差，则该公司较为真实的短期偿债能力要比该指标反映差。

4）现金比率

现金资产与流动负债的比值称为现金比率，其计算公式如下：

$$现金比率 = \frac{货币资金 + 交易性金融资产}{流动负债}$$

现金比率是最直接、最稳健的短期偿债能力衡量指标，它反映企业随时还债的能力。现金比率过低，说明企业即期偿付债务存在困难；现金比率过高，表示企业可立即用于偿付债务的现金资产较多，偿还即期债务的能力较强。

需要说明的是，现金比率不应过高。现金比率过高，表明企业通过负债方式所筹集的流动资金没有得到充分利用，企业失去投资获利的机会越大，所以并不鼓励企业保留过多的现金资产。因此，现金比率应根据企业具体情况保持在一个合理的限度内。一般认为该比率应在20%左右，在这一水平上，企业直接偿付流动负债的能力不会有太大的问题。

5）现金流动负债比率

现金流动负债比率是企业一定时期的经营现金净流量同流动负债的比率，它可以从现金流量角度反映企业当期偿付短期负债的能力。其计算公式如下：

现金流动负债比率 = 经营现金净流量 ÷ 年末流动负债

该指标从现金流入和流出的动态角度对企业的实际偿债能力进行考查，反映本期经营活动所产生的现金净流量足以抵付流动负债的倍数。

由于净利润与经营活动产生的现金净流量有可能背离，有利润的年份不一定有足够的现金（含现金等价物）来偿还债务，因此利用以收付实现制为基础计量的现金流动负债比率指标，能充分体现企业经营活动所产生的现金净流量，可以在很大程度上保证当期流动负债的偿还，直观地反映出企业偿还流动负债的实际能力。

一般该指标大于1，表示企业流动负债的偿还有可靠保证。该指标越大，表明企业经营活动产生的现金净流量越多，越能保障企业按期偿还到期债务，但也并不是越大越好。该指标过大则表明企业流动资金利用不充分，获利能力不强。

6）现金到期债务比率

现金到期债务比率是企业经营现金净流入与本期到期的当期债务和应付票据总额的比率，反映了企业可用现金流量偿付到期债务的能力。其计算公式如下：

现金到期债务比率 = 经营现金净流量 ÷ 本期到期的债务

作为企业到期的长期负债和本期应付票据不能延期，到期必须如数偿还。通常，企业设置的该比率标准值为1.5。该比率越高，企业资金流动性越好，企业到期偿还债务的能力就越强。

2. 长期偿债能力指标

长期偿债能力是企业偿还长期债务的现金保障程度。企业的长期债务指偿还期在 1 年或超过 1 年的一个营业周期以上的负债，包括长期借款、应付债权、长期应付款等。分析一个企业长期偿债能力，主要是为了确定该企业偿还债务本金和支付债务利息的能力。在资产负债表分析中，衡量长期偿债能力的指标主要有资产负债率、产权比率、有形资产净值债务率等。

1）资产负债率

资产负债率是负债总额除以资产总额的百分比，也就是负债总额与资产总额的比例关系，用于衡量企业利用债权人资金进行财务活动的能力，以及在清算时企业资产对于债权人权益的保障程度。其计算公式如下：

$$资产负债率 = 总负债 \div 总资产 \times 100\%$$

资产负债率是衡量企业负债水平及风险程度的重要标准。该指标无论对企业投资者还是企业债权人都十分重要，适度的资产负债率既能表明企业投资者、债权人的投资风险较小，又能表明企业经营的安全、稳健、有效，具有较强的筹资能力。

一般认为，资产负债率的适宜水平为 40%～60%，比较保守的经验判断一般认为不高于 50%，国际上一般认为 60% 比较好。如果企业的资产负债率小于 40%，在企业盈利时，可以通过适度增加借款用以实施新的经营项目，或者进行新产品的推广，以获取额外的利润，但前提是新的项目要确保盈利，增强企业的获利能力。如果资产负债率在 70% 以上，则是一种不好的信号，企业应该加强财务风险控制。

当然，在企业管理实践中，难以简单用资产负债率的高或低来判断负债状况的优劣，因为过高的资产负债率表明企业财务风险太大，过低的资产负债率则表明企业对财务杠杆利用不够。因此，实际分析时，应结合国家总体经济状况、行业发展趋势、企业所处竞争环境等具体条件进行客观判定。

2）产权比率

产权比率是负债总额与股东权益之间的比率，反映投资者对债权人的保障程度，用于衡量企业的风险程度和对债务的偿还能力。其计算公式如下：

$$产权比率 = 负债总额 \div 股东权益总额$$

产权比率越高，企业所存在的风险就越大，长期偿债能力就越弱。不管企业盈利情况如何，企业必须履行支付利息和偿还本金的义务和责任。产权比率越低,表明企业的长期偿债能力越强,债权人承担的风险越小,债权人也就愿意向企业增加借款。

如果资产负债率为40%~60%,则意味着产权比率应当维持在0.7~1.5之间。一般认为,该指标值在1左右比较理想。

3)已获利息倍数

已获利息倍数指上市公司息税前利润相对于所需支付债务利息的倍数,可用来分析公司在一定盈利水平下支付债务利息的能力。其计算公式为:

$$已获利息倍数 = 息税前利润总额 \div 利息支出$$

$$息税前利润总额 = 净利润 + 利息费用 + 所得税费用$$

利息支出不仅包括财务费用中的利息费用,还包括计入固定资产成本的资本化利息。

一般情况下,已获利息倍数越高,企业长期偿债能力越强。国际上通常认为,该指标为3时较为适当,长期来看至少应大于1。

4)现金流量利息保障倍数

现金流量利息保障倍数指经营现金净流量为利息费用的倍数。其计算公式为:

$$现金流量利息保障倍数 = 经营现金净流量 \div 利息支出$$

该比率表明1元的利息费用有多少倍的经营现金净流量作为保障。该比率比以利润为基础计算的利息保障倍数更可靠,因为实际用以支付利息的是现金,而非利润。

5)有形资产净值债务率

有形资产净值债务率是负债总额与有形资产净值的比率,用来反映企业在清算时债权人投入资本受到股东权益的保护程度,用于衡量企业的风险程度和对债务的偿还能力。

有形资产净值是从净资产中扣除无形资产、开发支出、商誉、长期待摊费用等后的资产净值。有形资产净值债务率实际上是一个更保守、更谨慎的产权比率。其计算公式如下:

$$有形资产净值债务率 = \frac{负债总额}{资产总额 - 无形资产、商誉等净值}$$

该指标越大,表明企业对债权人的保障程度越低,企业风险越大,长期偿债能力越弱；反之，表明企业风险越小，长期偿债能力越强。

应用有形资产净值债务率指标分析时应注意以下问题：

（1）有形资产净值债务率指标实质上是产权比率指标的延伸，是评价企业长期偿债能力更为保守和稳健的一个财务比率，它将企业偿债安全性分析建立在更加切实可靠的物质保障基础之上，在企业陷入财务危机、面临破产等特别情况时，使用该指标衡量企业的长期偿债能力更有实际意义。从长期偿债能力来讲，该比率越低越好。

（2）有形资产净值债务率指标最大的特点是在可用于偿还债务的净资产中扣除了无形资产和商誉，这主要是由于无形资产和商誉的会计计量缺乏可靠的基础，不可能作为偿还债务的资源。

在资产负债表分析中，除以上指标可以洞悉企业的长期偿债能力外，还有一些其他影响因素在分析时也应一并考虑。主要包括以下因素：

（1）长期资产。将长期资产作为偿还长期债务的资产保障时，长期资产的计价和摊销方法对长期偿债能力的影响很大。例如，固定资产的市场价值最能反映资产偿债能力。事实上，报表中固定资产的价值绝大多数采用历史成本计量，即使恰当地提取了资产减值准备，也不一定能够反映资产的市场价值，因而不一定能够反映资产的偿债能力。

（2）长期租赁。当企业急需某种设备或厂房而又缺乏足够的资金时，可以通过租赁的方式解决。财产租赁的形式包括融资租赁和经营租赁，融资租赁形成的负债大多会反映于资产负债表，而经营租赁形成的负债则没有反映于资产负债表。当企业的经营租赁量比较大、期限比较长或具有经常性时，就形成了一种长期性的表外融资，这种表外融资到期时必须支付租金，会对企业的偿债能力产生影响。因此，如果企业经常发生经营租赁业务，应考虑租赁费用对偿债能力的影响。

（3）债务担保。担保项目的时间长短不一，有的涉及企业的长期负债，有的涉及企业的流动负债。在分析企业长期偿债能力时，应根据有关资料判断担保责任带来的潜在长期负债问题。

（4）未决诉讼和未决仲裁。未决诉讼和未决仲裁指企业涉及尚未判决的诉讼案件、原告提出有赔偿要求的待决事项。如果胜诉，企业将不负有任何责任；但若企业败诉，则负有支付原告提出的赔偿要求的责任。未决诉讼且判决败诉，便会影响企业的偿债能力，因此在评价企业长期偿债能力时要考虑其潜在影响。

二、营运能力指标

营运能力主要指企业营运资产的效率与效益。企业营运资产的效率主要指资产的周转率或周转速度。企业营运资产的效益通常指企业的产出额与资产占用额之间的比率。企业营运能力分析就是要通过对反映企业资产营运效率与效益的指标进行计算与分析，评价企业营运能力，为企业提高经济效益指明方向。

反映企业资产营运能力的指标有许多，要正确分析评价企业资产营运能力，首先必须正确设计评价资产营运能力的指标体系。设计评价资产营运能力的指标，必须遵循以下原则：

（1）资产营运能力指标应体现提高资产营运能力的实质要求。企业资产营运能力的实质，就是要以尽可能少的资产占用，以尽可能短的时间周转生产尽可能多的产品，实现尽可能多的销售收入，创造尽可能多的纯收入。

（2）资产营运能力指标应体现多种资产的特点。企业的资产包括固定资产和流动资产，它们各有其特点。对于固定资产，应考虑它的使用价值与价值相脱离的特点，指标计算上，从两方面加以考虑；对于流动资产，主要应体现其流动性的特点。

（3）资产营运能力指标应有利于考核分析。应尽量采用现行制度规定的考核指标，或根据现有核算资料可以计算并便于分析的指标；否则，指标再好也没有实际意义。

根据营运能力分析的含义与目的，企业营运能力分析的内容主要包括总资产营运能力分析、流动资产营运能力分析和非流动资产营运能力分析三个方面。

1. 总资产营运能力指标

企业总资产营运能力，主要指投入或使用总资产所取得的产出的能力。总资产营运能力分析就是要对企业总资产的营运效率进行综合分析。通常，反映总资产营运能力的指标主要包括总资产产值率、总资产收入率和总资产周转率（次数）。

1）总资产产值率

从生产能力角度考虑，反映企业的总产出可以用总产值衡量，因此总资产营运能力可以用总资产产值率表示。其计算公式如下：

$$总资产产值率 = 总产值 \div 平均总资产 \times 100\%$$

总产值是企业在一定时期内生产的按价值计算的全部产品产量，是企业利用全部资产为社会创造的物质产品。总资产产值率反映了企业一定时期内创造的总产值与总资产之间的关系。一般情况下，该指标值越高，说明企业资产的投入产出率越高，企业总资产运营状况越好。

该指标的不足之处是：由于总产值中既包括完工产品，又包括在产品，因此总产值仅仅表示当期生产了多少，并不表明是否得到了社会的承认。如果得不到社会的承认，企业生产再多的产品也没有价值。

2）总资产收入率

总资产收入率指占用每百元资产所取得的收入额。其计算公式如下：

$$总资产收入率 = 总收入 \div 平均总资产 \times 100\%$$

总资产收入率反映了企业收入与资产占用之间的关系。通常，总资产收入率越高，反映企业总资产营运能力越强、营运效率越高。该指标比总资产产值率更能准确反映企业总资产的营运能力，因为企业总产值往往既包括完工产品产值，又包括在产品产值，既包括已销售的商品产值，又包括库存产品产值。收入的实现表明企业的产品得到了社会的承认，满足了社会的某种需要，是企业资产的真正有效利用。在市场经济条件下，企业产品只有销售出去，销售收入得到实现，产品产出才具有真正意义。因此，如果考虑收入与产值的关系，其因素分解式如下：

$$总资产收入率 = \frac{总收入}{平均总资产} \times 100\%$$

$$= \frac{总产值}{平均总资产} \times \frac{总收入}{总产值} \times 100\%$$

$$= 总资产产值率 \times 产品销售率 \times 100\%$$

由此可见，企业要取得较高的总资产收入率，既要提高总资产产值率，又要提高产品销售率。

3）总资产周转率

总资产收入率若从资产周转角度看，亦称总资产周转率（次数），尽管计算方法相同，但总资产周转率却是从资产流动性方面反映总资产的利用效率。它是综合评价企业全部资产经营质量和利用效率的重要指标，通常用总资产周转次数和周转天数表示。其计算公式如下：

$$总资产周转次数 = 销售收入 \div 平均总资产$$

总资产周转天数 =360÷总资产周转次数

总资产周转率是考查企业资产运营效率的一项重要指标，体现了企业经营期间全部资产从投入到产出周而复始的周转速度，反映了企业全部资产的管理质量和利用效率。

通过该指标的对比分析，不但能够反映出企业本年度及以前年度总资产的运营效率及其变化，而且能发现企业与同类企业在资产利用上存在的差距，促进企业挖掘潜力，积极创收，提高产品市场占有率，提高资产利用效率。

一般情况下，该指标数值越大，资产周转速度越快，利用效率越高。

由于该指标是一个包容性较强的综合指标，因此从因素分析的角度来看，它要受到流动资产周转率、应收账款周转率和存货周转率等指标的影响。在总资产中，周转速度最快的应属流动资产，因此总资产周转速度受流动资产周转速度影响较大。根据总资产周转速度与流动资产周转速度的关系，可确定影响总资产周转率的因素如下：

$$总资产周转率 = \frac{销售收入}{平均流动资产} \times \frac{平均流动资产}{平均总资产}$$

$$= 流动资产周转率 \times 流动资产占总资产的比例$$

由此可见，影响总资产周转率的主要因素如下：

（1）各项资产的合理比例，尤其是流动资产和固定资产的比例。比例不合适，就会造成资产的闲置。一般来讲，在固定资产充分利用、满负荷运转的情况下，固定资产增长的速度应与销售收入增长的速度相适应。另外，经营用固定资产和非经营用固定资产的比例也会影响该指标。

（2）各项资产的利用程度。各项资产的利用程度衡量指标包括流动资产周转率（存货周转率、应收账款周转率）和固定资产周转率。通常来说，流动资产的周转速度往往高于其他资产的周转速度，加速流动资产周转，就会使总资产周转速度加快；反之，则会使总资产周转速度减慢。

（3）销售收入。在资产规模不变的情况下，如销售收入的增长使得总资产周转率提高，则表明总资产营运能力得到提升。

2. 流动资产营运能力指标

流动资产营运能力指标主要包括流动资产周转率、应收账款周转率和存货周转率。

1)流动资产周转率

流动资产周转率,既是反映流动资产周转速度的指标,也是综合反映流动资产利用效果的基本指标,它是一定时期流动资产平均占用额和流动资产周转额的比率,是用流动资产的占用量和其所完成的工作量的关系来表明流动资产的使用经济效益。流动资产周转速度快,会相对节约流动资产,等于相对扩大资产投入,增强公司获利能力;而延缓周转速度,要补充流动资产参加周转,会形成资金浪费,降低公司获利能力。

流动资产周转率的计算,一般可以采取以下两种方式:

$$流动资产周转次数 = \frac{流动资产周转额}{流动资产平均余额}$$

$$流动资产周转天数 = \frac{计算期天数(360)}{流动资产平均余额}$$

$$= \frac{流动资产平均余额}{流动资产周转额} \times 计算期天数$$

流动资产的周转次数或天数,均表示流动资产的周转速度。流动资产在一定时期的周转次数越多,亦即每周转次所需要的天数越少,周转速度就越快,流动资产营运能力就越好;反之,周转速度则慢,流动资产营运能力就越差。

从上述公式可知,流动资产周转天数的计算,必须利用计算期天数、流动资产平均余额和流动资产周转额三个数据。对于计算期天数,为了计算方便,全年按360天计算,全季按90天计算,全月按30天计算。对于流动资产平均余额的确定:一要注重范围,周转率不同,流动资产的范围就不同;二要注重用平均占用额,而不能用期末或期初占用额。流动资产周转额一般指企业在报告期中有多少流动资产完成了,即完成的从货币到商品再到货币这一循环过程的流动资产数额,通常用销售收入来表示,当然也可用销售成本表示。因此,企业全部流动资产周转率的计算公式如下:

$$流动资产周转率 = \frac{销售收入}{流动资产平均总额}$$

$$流动资产平均总额 = \frac{期初流动资产 + 期末流动资产}{2}$$

分析流动资产周转率，需要注意以下几点：

（1）流动资产周转率反映了企业流动资产的周转速度，是从企业全部资产中流动性最强的流动资产角度对企业资产的利用效率进行分析，以进一步揭示影响企业资产质量的主要因素。

（2）该指标将主营业务收入净额与企业资产中最具活力的流动资产相比较，既能反映企业一定时期流动资产的周转速度和使用效率，又能进一步体现每单位流动资产实现价值补偿的高与低，以及补偿速度的快与慢。

（3）要实现该指标的良性变动，应以主营业务收入增幅高于流动资产增幅为保证。在企业内部，通过对该指标的分析对比，一方面可以促进企业加强内部管理，充分有效地利用其流动资产，如降低成本、调动暂时闲置的货币资金用于短期投资创造收益等；另一方面也可以促进企业采取措施扩大销售，提高流动资产的综合使用效率。

（4）一般情况下，该指标越高，表明企业流动资产周转速度越快，利用越好。在较快的周转速度下，流动资产会相对节约，其意义相当于流动资产投入的扩大，在某种程度上增强了企业的获利能力；而周转速度慢，则需补充流动资金参加周转，会形成资金浪费，降低企业获利能力。

2）应收账款周转率

应收账款是企业因销售商品、提供劳务等而应向购货单位或接受劳务单位收取的各种款项。一方面应收账款是企业被信用单位无偿占有的资金，体现的是一种资金沉淀。应收账款占用越多，使用费的损失越大，资产的使用效率越差，现金越短缺。另一方面应收账款结余越多，发生坏账损失的风险越大。因此，应收账款也是越少越好。

应收账款和存货一样，在流动资产中有着举足轻重的地位。及时收回应收账款，不仅能增强公司的短期偿债能力，也能反映出公司管理应收账款方面的效率。反映应收账款营运能力的指标包括应收账款周转次数与应收账款周转天数。其计算公式如下：

$$应收账款周转次数 = 销售净额 \div 平均应收账款总额$$

$$应收账款周转天数 = 360 \div 应收账款周转次数$$

在使用该指标进行分析时，应尽量计算连续几个会计年度的数值，同时考虑同行业其他企业或行业平均水平。并且，分析者必须了解被分析对象可能导致指标异常的具体情况。

可能使该指标偏高的情况：会计年度末大量的集中销售；应核销的坏账未进

行处理；企业按照销售季节发账单；多数应收账款为应收分期账款。

可能使该指标偏低的情况：会计年度末销货额大量减少；使用大量的现金销货；企业在代理融通安排下卖出大量应收账款。

使用应收账款周转次数和周转天数指标来分析应收账款的营运能力，都必须考虑不同期间企业的赊销政策，即考虑赊销与现销的比例。如果赊销和现销比例发生变化，则不同期间的指标值不可比。

3) 存货周转率

企业持有存货的目的是耗用和销售。商品流通企业的存货只是为了销售；制造业企业的存货可以分为原材料类存货、在产品存货和产成品存货三类。在计算分析有关指标时，假设存货都是可以销售的。

存货周转分析的目的是从不同的角度和环节上找出存货管理中的问题，使存货管理在保证生产经营连续性的同时，尽可能少占用经营资金，提高资金的使用效率，增强公司短期偿债能力，促进公司管理水平的提高。

在流动资产中，存货所占的比例较大。存货的流动性将直接影响公司的流动比率，因此必须特别重视对存货的分析。反映存货营运能力的指标一般有两个，即存货周转次数和存货周转天数。其计算公式如下：

$$存货周转次数 = 销货成本 \div 平均存货成本$$
$$存货周转天数 = 360 \div 存货周转次数$$

存货周转率是衡量和评价公司购入存货、投入生产、销售收回等各环节管理状况的综合性指标。一般而言，在一定营业周期内，存货周转次数越多，存货周转速度越快，存货的占用水平越低，流动性越强，存货转换为现金或应收账款的速度越快。提高存货周转率可以提高公司的变现能力，存货周转速度越慢则变现能力越差。

在具体分析时，应注意分析对象经营上的季节性和销售发展的趋势。

存货发出的计价方法不同会影响该指标的计算和分析，特别是当各期存货的成本存在差异且呈现明显的增加或减少趋势时，此时可以用数量指标代替价值指标进行计算。

使用存货周转次数和周转天数指标来分析存货的营运能力，必须考虑不同期间企业的存货发出的计价方法。如果计价方法发生变化，则不同期间的指标值不可比。为避免存货或销货成本的金额数据不合理造成的影响，可采用实物指标代替价值指标进行计算。

另外，需要注意的是，存货周转率指标的升降并不完全体现存货管理效率的变化，并且存货周转率指标有时会掩盖存货的结构性矛盾，其他资产周转率指标也是如此。

3. 非流动资产营运能力指标

非流动资产包括的项目很多，通常主要分析固定资产营运能力。

1）固定资产利用的合理性分析

固定资产利用的合理性可以从两个方面进行分析：一是分析固定资产占全部非流动资产的比率；二是分析固定资产的内部构成。

（1）固定资产占全部非流动资产的比率。

固定资产占全部非流动资产的比率计算公式如下：

固定资产占全部非流动资产的比率 = 固定资产总额 ÷ 非流动资产总额 × 100%

固定资产是企业最重要的生产力要素之一，是企业赖以生存的物质基础，是企业产生效益的源泉。固定资产的结构、状况、管理水平等直接影响企业的竞争力关系到企业的运营与发展。因此，固定资产在非流动资产乃至全部资产总额中都应该占较大的比例。

（2）固定资产的内部构成。

在分析固定资产的利用现状时，一般是将固定资产按照用途进行分类（一般分为生产用固定资产、非生产用固定资产、未使用固定资产和不需用固定资产四类），并计算不同期间各类固定资产的金额变化、比例（在全部固定资产中的比例）及其变化，然后进行分析。

一般来讲，企业应尽量减少未使用和不需用固定资产的数量，降低其比例；而生产用固定资产和非生产用固定资产的比例则应结合企业所处行业、企业性质和企业的现代化程度进行分析。

2）固定资产的磨损与更新分析

固定资产的新旧程度在一定意义上反映了企业的实际生产能力和生产潜力。主要指标包括固定资产更新率、固定资产报废毁损率、固定资产磨损率和固定资产净值率，计算公式如下：

$$固定资产更新率 = \frac{当年新增固定资产原价}{年初固定资产原价之和} \times 100\%$$

$$固定资产报废毁损率 = \frac{当年报废毁损固定资产原价}{年初固定资产原价之和} \times 100\%$$

$$固定资产磨损率 = \frac{累计折旧总数}{全部固定资产原价} \times 100\%$$

$$固定资产净值率 = \frac{全部固定资产净值}{全部固定资产原价} \times 100\%$$

3）固定资产使用效益分析

一般采用固定资产利润率指标来反映固定资产的使用效益。

$$固定资产利润率 = \frac{利润总额}{固定资产平均净值} \times 100\%$$

利润变动一般直接受销售数量和单位销售利润的影响。但在销售稳定的情况下，可以认为生产量等于销售量，此时固定资产的生产能力就会影响企业利润。并且固定资产的使用状态（在不考虑原料和人工操作的前提下，可以通过产品合格率来反映）也会影响企业的利润水平。

4）固定资产周转率分析

固定资产周转率是企业年销售收入净额与固定资产平均净值的比率，反映了固定资产的周转情况，可以衡量固定资产的利用效率，通常用固定资产周转次数和周转天数来表示。

$$固定资产周转次数 = 销售收入净额 \div 固定资产平均净值$$

$$固定资产周转天数 = 360 \div 固定资产周转次数$$

固定资产周转次数多，固定资产周转天数少，表明企业固定资产利用充分，企业固定资产的结构比较合理。

在运用固定资产周转率指标时，应考虑以下因素：固定资产平均净值因不断提取折旧而减少；因购置全新固定资产而导致固定资产平均净值的突然增加；固定资产的折旧方法。

三、盈利能力指标

1. 盈利能力分析的内涵

盈利能力指企业在一定时期内赚取利润的能力。追求利润最大化是企业的动力所在，因此盈利能力分析是企业财务报表分析的重点。盈利能力的强弱是一个相对的概念，即利润是相对于一定资源投入、一定收入而言的。利润率越高，说明获利能力越强；利润率越低，说明获利能力越弱。企业经营业绩的好坏最终可通过企业的获利能力强弱来反映。无论是企业的管理层、投资者、债权人，或其他利益相关者都非常关心企业的盈利能力。

1）影响盈利能力的因素

利润是收入与费用配比的结果，凡是影响收入和费用的因素都会影响企业盈利能力的强弱。因此，分析企业的盈利能力应该从企业的收入与费用入手。由于企业的全部生产经营过程就是发生耗费和取得收入的过程。因此，盈利能力是企业其他各种能力（如营销能力、收现能力、降低成本的能力等）、财务状况、风险程度的综合体现。

（1）营销能力。营销能力是获利能力的基础，是企业发展的根本保证。企业的营销能力受营销策略和营销状况的影响。

（2）收现能力。在商业信用大量存在的情况下，收现能力是影响企业盈利能力的重要因素。未收现的销售额只是观念上的收益来源。评价企业的收现能力可以从信用条件、加速账款回收的制度和方法、催款程序等方面进行。

（3）降低成本的能力。在收入不变的前提下，降低成本可以增加收益。企业降低成本的能力取决于企业的技术水平、产品设计、生产规模和成本管理水平。

（4）财务状况。一个企业的财务状况与其盈利能力相互制约、相互促进。一方面，财务状况好的企业，有雄厚的资金做后盾，可以进行新产品的开发，可以拓宽营销渠道，可以进行广告宣传，当然企业的盈利能力就会增强。另一方面，如果企业的盈利能力差，甚至经常亏损，资金实力再雄厚的企业，其财务状况慢慢地也会陷入困境。财务状况对盈利能力的影响主要表现在以下方面：

① 合理的资金结构会使企业有较稳定的获利能力。

② 偿债能力过高，说明企业没有充分利用资金，没有充分发挥创造利润的潜力；偿债能力过低，也会使企业在盈利的情况下破产。

③ 资产收益率高于债务成本时，负债经营可提高企业的盈利能力。

④ 营业资本增加，增强企业的经营能力，增加企业获利的机会。

⑤ 资金周转速度快，在同等条件下可节约资金，节约的资金可用于经营规模的扩大和创利水平的提高。

（5）风险程度。从事高风险项目的企业，其获利能力往往是短期的、不稳定的。例如，股票投资收益就是很不稳定的一种收益。

2）盈利能力分析的内容

企业一定时期的盈利水平，体现了企业生产经营能力、资产管理水平、资金运用效果、经营规模、市场竞争能力，以及资本运营的能力和资本的实力。提高企业盈利能力，必须从提高生产经营收益、提高资产运营效率和提高资本运营收益这三个重要途径入手，挖掘各自的潜力，以提高企业整体的获利能力和盈利水平。因此，从信息使用者的角度来看，盈利能力的评价可以从经营获利能力、资产获利能力和资本获利能力三个方面评价，具体评价时必须考虑与同行业的比较。

2. 经营盈利能力指标

经营盈利能力指实现每 1 元营业额或消耗每 1 元资金取得利润的多少，是以销售收入为基础的盈利水平的分析，属于投入与产出的比较。评价经营盈利能力的指标主要有销售毛利率和销售利润率。

1）销售毛利率

销售毛利率是销售毛利额与销售净收入之间的比率。其计算公式如下：

$$销售毛利率 = 销售毛利额 \div 销售净收入 \times 100\%$$

$$销售毛利额 = 销售净收入 - 销售成本$$

销售毛利率指标主要考查企业商品在市场上竞争能力的强弱，如果企业的销售毛利率指标高，那么这个企业的商品在市场上竞争能力就强；相反，如果这个指标低，就说明企业商品的竞争能力弱。在分析销售毛利率及其变动时，一般是首先将报告期的实际值与目标值比较，此外，还必须与行业平均值和行业先进水平相比较；然后可以进一步分析差距产生的原因，以评价企业的获利能力。

2）销售利润率

销售利润率又称营业利润率，是营业利润与全部业务收入的比率。其计算公式如下：

$$销售利润率 = 营业利润总额 \div 营业收入 \times 100\%$$

$$营业利润总额 = 营业收入 - 营业成本 - 费用$$

销售利润率指标比销售毛利率指标更加全面，因为企业在主营业务不景气的情况下，往往会利用自身条件，开展多方面的劳务服务，以补充主营业务的不足，维持盈利能力在一定水平上的稳定性和持久性。

可以通过对营业收入、税金及附加、销售费用、管理费用、财务费用的进一步考查（主要是分析各自的变动率。对于管理费用，内部分析者还应分析其构成的变化），更加深入地分析销售利润率变化的深层次原因。

3. 资产盈利能力指标

资产盈利能力可以衡量资产的使用效益，从总体上反映投资效果。一个企业的资产盈利能力如果高于社会的平均资产利润率和行业平均资产利润率，企业就会更容易吸收投资，企业的发展就会处于更有利的位置。评价资产获利能力的指标主要有总资产收益率、总资产净利率、流动资产利润率和固定资产利润率等。

1）总资产收益率

总资产收益率也称总资产报酬率，是企业一定期限内实现的收益额与该时期企业平均资产的比率。总资产收益率集中体现了资产运用效率和资金利用效果之间的关系。在企业资产总额一定的情况下，利润多少决定总资产收益率的高低，该指标反映了企业综合经营管理水平的高低。其计算公式如下：

$$总资产收益率 = \frac{利润总额 + 利息支出}{平均资产总额} \times 100\%$$

通常，在计算该指标时包括利息支出，这是因为：第一，总资产从融资渠道来讲又分为产权性融资和债务性融资两部分，产权性融资的成本是股利，以税后利润支付，其数额包含在利润总额中，为保持一致，债务性融资的成本（利息）也应当包含进去；第二，利息支出的本质是企业纯收入的分配，属于企业创造利润的一部分。

通过对总资产收益率的深入分析，可以增强各方面对企业资产经营状况的关注，促进企业提高单位资产的收益水平。

一般情况下，企业可据此指标与市场利率进行比较，如果该指标大于市场利率，则表明企业可以充分利用财务杠杆进行负债经营，获取尽可能多的收益。

总资产收益率指标越高，表明企业投入产出的水平越好，企业全部资产的总体运营效益越高。

分析评价时，一般将报告期的指标数值与计划期的数值、以前期间的实际数值、社会平均值、行业平均值进行比较，在此基础上进一步深入分析资产的变化（规模、结构、时间）和利润的变化，以得出相对科学的结论。

但在上市公司的公开资料中，利息支出一般没有公开，因此在计算该指标时，也可以不包括利息支出。此时的指标也可称为总资产利润率。

2）总资产净利率

总资产净利率指公司净利润与平均资产总额的百分比。其计算公式如下：

$$总资产净利率 = 净利润 \div 平均资产总额 \times 100\%$$

该指标反映公司运用全部资产所获得利润的水平，即公司每占用1元的资产平均能获得多少元的利润。该指标越高，资产运营越有效，成本费用的控制水平越高。该指标体现出企业管理水平的高低。

3）流动资产利润率

前面对总资产的获利能力进行了分析，由于总资产是由流动资产与固定资产等各种资产构成的，而流动资产与固定资产对主营业务利润的影响极大，为了深入分析总资产获利能力的形成过程，有必要对流动资产与固定资产做进一步分析。

由于流动资产的主要功能是从事营业活动，因此考查流动资产获利能力采用的利润以营业利润来代替。

流动资产利润率 = 营业利润 ÷ 流动资产平均余额 ×100%

流动资产利润率表明企业每占用1元流动资产平均能获得多少元的营业利润，反映了企业流动资产的实际获利能力。

4）固定资产利润率

与流动资产一样，固定资产的主要功能也是从事营业活动，因此考查固定资产盈利能力采用的利润以营业利润来代替。

固定资产利润率 = 营业利润 ÷ 固定资产平均余额 ×100%

固定资产利润率表明企业每占用1元固定资产平均能获得多少元的营业利润，反映了企业固定资产的实际获利能力。

4. 资本盈利能力指标

资本盈利能力又称股东权益获利能力。股东投资的目的是获得投资报酬。一个企业投资报酬的高低直接影响到现有投资者是否继续投资并追加投资，潜在的投资者是否进行投资。投资者虽然关心资产报酬率的高低，但资产报酬率并不等同于股东的投资报酬，对于投资者，投资报酬分析才是其最为关注的获利能力分析。评价资本盈利能力的指标主要有净资产收益率、每股收益和市盈率等。

1）净资产收益率

净资产收益率指企业一定时期内的净利润同平均净资产的比率。净资产收益率充分体现了投资者投入企业的自有资本获取净收益的能力，突出反映了投资与报酬的关系，是评价企业资本经营效益的核心指标。其计算公式如下：

净资产收益率 = 净利润 ÷ 平均净资产 × 100%
= 资产净利率 × 权益乘数

其中：

$$权益乘数 = \frac{1}{1-资产负债率}$$

资产净利率 = 销售利润率 × 总资产周转率

上述公式中，按权益乘数对净资产收益率进行分解分析的方法，就是著名的杜邦分析法，如图1-4所示。

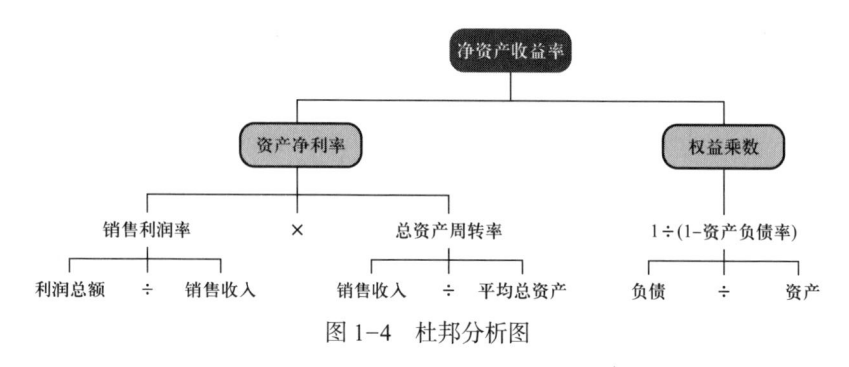

图1-4 杜邦分析图

净资产收益率是评价企业自有资本及其积累获取报酬水平的最具综合性与代表性的指标，充分反映了企业资本运营的综合效益。该指标通用性强、适应范围广，不受行业局限，是国际上企业综合评价中使用率非常高的一个指标。

通过对该指标的综合对比分析，可以看出企业获利能力在同行业中所处的地位，以及与同类企业的差异水平。

一般认为，企业净资产收益率越高，企业自有资本获取收益的能力越强，企业运营效益越好，对企业投资者、债权人的利益保证程度越高。

杜邦分析体系提供了下列主要财务指标关系的信息：

（1）净资产收益率是一个综合性较强的财务比率，是杜邦分析体系的核心。它反映股东投入资本的获利能力，同时反映企业筹资、投资、资产运营等活动的效率，它的高低取决于总资产利润率和权益总资产率的水平。决定净资产收益率高低的因素有权益乘数、销售利润率和总资产周转率。这三个指标分别反映了企业的负债比率、获利能力比率和资产管理比率。

（2）权益乘数主要受资产负债率影响。资产负债比率越大，权益乘数越高，说明企业有较高的负债程度，给企业带来较多的杠杆利益，同时也给企业带来了较多的风险。净资产收益率是一个综合性的指标，同时受到销售利润率和总资产周转率的影响。

（3）销售利润率反映了企业利润总额与销售收入的关系，从这个意义上看，提高销售利润率是提高企业获利能力的关键所在。要想提高销售利润率，一是提高销售收入，二是降低成本费用。而降低各项成本费用开支是企业财务管理的一项重要内容。通过各项成本费用开支的列示，有利于企业进行成本费用的结构分析，加强成本控制，以便为寻求降低成本费用的途径提供依据。

（4）企业资产的营运能力，既关系到企业的获利能力，又关系到企业的偿债能力。一般而言，流动资产直接体现企业的偿债能力和变现能力，非流动资产体现企业的经营规模和发展潜力，两者之间应有一个合理的结构比率：如果企业持有的现金超过业务需要，就可能影响企业的获利能力；如果企业占用过多的存货和应收账款，则既要影响获利能力，又要影响偿债能力。为此，就要进一步分析各项资产的占用数额和周转速度。对于流动资产，应重点分析存货是否有积压现象，货币资金是否闲置，分析应收账款中客户的付款能力和有无坏账的可能；对于非流动资产，应重点分析企业固定资产是否得到充分利用。

2）每股收益

每股收益是企业净收益与发行在外普通股股数的比率。它反映了某会计年度内企业平均每股普通股获得的收益，用于评价普通股持有者获得报酬的程度。每股收益又分为基本每股收益与稀释每股收益。

$$基本每股收益 = \frac{归属普通股股东的当期净利润}{当期发行在外的普通股加权平均数}$$

当期发行在外的普通股加权平均数 = 期初发行在外普通股股数 + 当期新发行普通股股数 × 已发行时间 ÷ 报告期时间 − 当期回购普通股股数 × 已回购时间 ÷ 报告期时间

稀释每股收益用来评价潜在普通股对每股收益的影响，以避免该指标虚增可能带来的信息误导。

稀释每股收益以基本每股收益为基础，假设企业所有发行在外的稀释性潜在普通股均已转换为普通股，从而分别调整归属于普通股股东的当期净利润以及发行在外普通股的加权平均数计算而得的每股收益。

潜在普通股指赋予其持有者在报告期或以后期间享有取得普通股权利的一种金融工具或其他合同。目前，我国企业发行的潜在普通股主要有可转换公司债券、认股权证、股份期权等。

稀释性潜在普通股指假设当期转换为普通股会减少每股收益的潜在普通股。对于亏损企业，稀释性潜在普通股指假设当期转换为普通股会增加每股亏损金额的潜在普通股。

计算稀释每股收益时只考虑稀释性潜在普通股的影响，而不考虑不具有稀释性的潜在普通股。

（1）归属普通股股东的当期净利润的调整。

计算稀释每股收益时，应当根据下列事项对归属于普通股股东的当期净利润进行调整。

① 当期已确认为费用的稀释性潜在普通股的利息。

② 稀释性潜在普通股转换时将产生的收益或费用。

上述调整应当考虑相关的所得税影响。对于包含负债和权益成分的金融工具，仅需调整属于金融负债部分的相关利息、利得或损失。

（2）当期发行在外的普通股加权平均数的调整。

计算稀释每股收益时，当期发行在外普通股的加权平均数应当为计算基本每股收益时普通股的加权平均数与假定稀释性潜在普通股转换为已发行普通股而增加的普通股股数的加权平均数之和。

假定稀释性潜在普通股转换为已发行普通股而增加的普通股股数，应当按照其发行在外时间进行加权平均。以前期间发行的稀释性潜在普通股，应当假设在当期期初转换为普通股；当期发行的稀释性潜在普通股，应当假设在发行日转换为普通股；当期被注销或终止的稀释性潜在普通股，应当按照当期发行在外的时间加权平均计入稀释每股收益；当期被转换或行权的稀释性潜在普通股，应当从当期期初至转换日（或行权日）计入稀释每股收益，从转换日（或行权日）起所转换的普通股则计入基本每股收益。当存在不止一种转换基础时，应当假定会采取从潜在普通股持有者角度看最有利的转换率或执行价格。

例：某公司2019年归属于普通股股东的净利润为4500万元，期初发行在外普通股股数为4000万股，年内普通股股数未发生变化。2019年1月2日，公司按面值发行800万元可转换公司债券，票面利率为4%，每100元债券可转换为110股面值为1元的普通股。所得税税率为25%，假设不考虑可转换公司债券在负债和权益成分之间的分拆。那么，2019年度每股收益计算为：基本每股收益4500÷4000=1.1215（元），增加的净利润=800×4%×（1-25%）=24（万元），增加的普通股股数=8010（万股），稀释的每股收益=（4500+24）÷（4000+880）≈0.93（元）。

3）市盈率

市盈率是普通股每股市价与普通股每股收益的比值，反映投资者为得到1元的报酬所需要付出的价格。它是通过公司股票的市场行情，间接评价公司获利能力的指标。

$$市盈率 = \frac{普通股每股市价}{每股收益} \times 100\%$$

上述公式中，普通股每股市价通常采用年度平均价格（全年各日收盘价的算术平均数）。为简化并增强指标的适时性，普通股每股市价可采用报告日前一日的实际价。

一般认为，该指标数值越大，获利能力越强，投资回收速度越快，对投资者的吸引力越大。

如果公司股票在股票市场上连续维持较高的市盈率，或与其他公司相比市盈率更高，说明公司的经营能力和获利能力稳定，具有潜在的成长能力，公司有较高的声誉，对股东有很大的吸引力。

运用市盈率指标分析公司获利能力时应注意两点：

（1）市盈率变动的因素之一是股票价格的升降，而影响股价升降的原因除公司经营本身外，还受经济环境、宏观政策、行业前景等因素影响，因此分析时应对整个形势进行全面分析。

（2）当公司总资产报酬率很低时，每股收益可能接近0，以每股收益为分母的市盈率就会很高，因此单独使用市盈率指标就可能错误估计公司的发展形势，所以最好与其他指标结合起来进行分析。

四、发展能力指标

1. 发展能力的含义

发展能力是企业持续发展和未来价值的源泉，是企业的生存之本、获利之源。企业以营利为目标，其一切生产经营活动的出发点都是营利。现代社会竞争日益激烈，企业面临的内外部环境瞬息万变，不进则退，甚至最终被社会淘汰。企业必须首先得以生存，才能求得发展；而要一直生存，则必须不断发展。生存能力是保证企业"生"的基础，生存能力又是企业发展的前提，只有企业生存着，具有一定的底线生存能力，考虑企业生命质量才有意义；企业发展是保障企业永续生存的条件，环境是变化的，它会给企业的生存带来挑战，企业只有不断发展，才能使企业保持动态生存，也只有不断发展，才能保证企业不断改善生存质量。可见，对于企业本身的生存，发展能力非常重要，它不仅是企业的生存之本，也是企业的获利之源。

发展的标志是增长。企业的发展也表现为一系列的增长。从财务的角度来看，首先表现为各种投入的增长。由于投入可以分为资产投入、成本投入和费用投入，因此投入的增长也就具体表现为资产的增长、成本的增长和费用的增长。当然，这里所说的增长指总额的增长，尤其对于成本和费用来说，特指成本和费用的总额增长，并非成本和费用水平的增长。

其次表现为各种产出的增长。产出主要包括经营活动产出和投资活动产出。根据对产出考察角度的不同，可以将产出分为总产出和净产出两类。总产出是初级产出，具体表现为各种收入；净产出是最终产出，是扣除了各项投入后剩余的部分，即利润。由此可见，产出的增长具体表现为各种收入的增长和各项利润的增长。

企业最初投入的是资产，随着资产被消耗才转化为成本投入和费用投入。由此可见，企业最根本的投入是资产投入。由于资产是各种资金来源的具体表现形态，资产的增长只能是资金来源增长的结果，因此企业的增长还表现为各种资金来源的增长，具体包括负债的增长和股东权益的增长（含净利润的增长）。

不过，根据很多企业因成长过快而破产的事实可知：增长率最大化不一定代表企业价值最大化，增长并不一定非要达到最大化不可。在很多企业，保持适度的增长率，在财务上积蓄能量是非常必要的。也就是说，企业的发展必须具有可持续性的特征，即在不耗尽企业资源的情况下，企业具有增长的最大可能。

综上所述，从财务的角度来说，企业的发展首先表现为资产、负债、股东权益、收入、成本费用和利润的全面增长，即会计各要素的增长。其次，企业的发展应该是可持续的、均衡的增长。

会计各要素的增长程度通过增长速度来表示。会计要素的增长速度，从结果来看反映企业的发展程度，从过程来看体现企业的发展能力。

2. 衡量发展能力的指标

从财务分析的角度来看，发展能力分析与盈利能力分析不同。盈利能力分析是对企业过去与目前的盈利水平与同行业相比较而做出的一种客观评价，它是一种静态分析；而企业发展能力分析则是一种动态分析，它是在盈利能力分析的基础上，对企业未来发展趋势与价值增长的一种判断，是财务分析的真正目的。评价企业发展能力不仅要从销售能力、资产管理、股东回报等入手，更要从行业发展趋势、盈利增长点、在行业中所处的地位等入手；不仅要看企业的营运能力、盈利能力，更要看企业的市场控制能力、技术创新能力。

分析企业的发展能力主要考查获利能力趋势、销售增长能力、市场控制能力、技术创新能力、资产增长能力、资本保障能力和股东经济增加值 7 个方面。

1）获利能力趋势

获利能力趋势主要分析反映企业获利能力的指标，即销售毛利率、营业利润率、总资产收益率、净资产收益率和每股收益等指标近三年来的变化趋势，并考虑净利润增长情况。如果上述指标值总体上呈稳定增长趋势，说明企业未来发展看好。

2）销售增长能力

反映销售增长能力的指标主要有销售增长率和营销能力。

（1）销售增长率。其计算公式如下：

$$销售增长率 = \frac{本年销售增长额}{上年销售额} \times 100\%$$

$$本年销售增长额 = 本年销售额 - 上年销售额$$

$$三年销售收入平均增长率 = \left(\sqrt[3]{\frac{本年销售收入总额}{三年前年度销售收入总额}} - 1\right) \times 100\%$$

销售增长率指标反映相对化的销售收入增长情况，与绝对量的销售增长额相比，消除了企业规模的影响，更能反映企业的发展情况。销售增长率是衡量企业经营状况和市场占有能力、预测企业经营业务拓展趋势的重要标志，也是企业扩张增量和存量资本的重要前提。不断增加的销售收入，是企业生存的基础和发展的条件。例如，世界 500 强企业就主要以销售收入的多少进行排序。

三年销售收入平均增长率就是为消除销售收入短期异常波动的影响，反映企业较长时期的销售收入增长情况而采用的分析指标。

利用销售增长率指标分析企业发展能力时应注意以下方面：

① 销售增长率指标是衡量企业经营状况和市场占有能力、预测企业经营业务拓展趋势的重要指标，也是衡量企业扩张增量和存量资本的重要前提。不断增加的销售收入，是企业生存的基础和发展的条件。

② 销售增长率指标大于 0，表示企业本年的销售收入有所增长，指标值越

高，表明企业增长速度越快，企业市场前景越好，营销能力越强；如果销售增长率指标小于0，表明企业产品销售不出去，市场份额萎缩，企业应从产品质量、等级、价格、售后服务等方面寻找原因，或者是产品不适销对路、质次价高。但是销售增长并非越快越好，增长过快，后期可能难以驾驭，因此保持稳健、可控的自然增长速度，也许是最佳的选择。

③ 在实际分析时应结合企业历年的销售水平、企业市场占有情况、行业未来发展及其他影响企业发展的潜在因素进行前瞻性预测，或者结合企业前三年的销售收入增长率做出趋势性分析预测。同时还要注意：该指标作为相对指标，存在收入增长基数影响的问题，如果基数即上年销售收入额特别小，即使本年的收入额出现较小的增长，该指标值也会较大，不利于企业间的比较。因而，在分析过程中还需要结合使用销售收入增长额等指标进行综合判断。

④ 通常来说，一个成长性强的企业，这个指标的数值较大；处于成熟期的企业，这个指标可能较低，但是凭借其已经占领的强大的市场份额，也能够保持稳定而丰厚的利润；处于衰退阶段的企业，这个指标可能为负数。这种情况下，通常是危险信号的红灯。该指标能反映企业未来的发展前景。

⑤ 分析过程中可以其他类似企业、企业历史水平及行业平均水平作为比较标准。

（2）营销能力。营销能力可以用定量指标与定性指标进行分析。

① 定量指标。定量指标主要有营销队伍实力，用销售人员占全体职工的比例来表示。

② 定性指标。可以通过问卷调查采集数据，主要考虑营销渠道（如直接销售、电话销售、电视销售、零售、代理销售、互联网络销售）、营销网点（全球、全国、全省）、品牌商标（拥有国际知名品牌个数、拥有国内知名品牌个数、拥有省内知名品牌个数）、售后服务网点数量等。

3）市场控制能力

反映市场控制能力的指标主要有主导产品市场占有率、市场覆盖率、国际市场占有率、市场应变能力、顾客忠诚度等。

（1）主导产品市场占有率。主导产品市场占有率指标反映企业的主导产品或服务在市场上的占有深度。其计算公式如下：

$$主导产品市场占有率 = \frac{S_1 + S_2 + \cdots + S_n}{R}$$

式中　S_i——企业第 i 种主导产品的市场占有率，其值等于该产品销售收入与同行业产品销售收入总额之比，$i=1, 2, 3, \cdots, n$；

　　　n——企业主导产品数目；

　　　R——市场占有率修正系数。

$$R = \frac{企业固定资产原值 + 企业年末流动资产平均余额}{行业固定资产原值 + 行业年末流动资产平均余额}$$

（2）市场覆盖率。市场覆盖率指标反映企业主导产品或服务在市场上的占有广度。其计算公式如下：

$$市场覆盖率 = \frac{企业某种产品的销售地区数}{行业同类产品的销售地区数}$$

在实际应用中，不同地区的权重值可以有所不同，发达地区的权重数应该大一些。

（3）国际市场占有率。国际市场占有率指标反映企业生产的产品在国际市场上的竞争力强弱。其计算公式如下：

$$国际市场占有率 = \frac{企业生产的某类产品出口总额}{该类产品的世界出口总额}$$

（4）市场应变能力。市场应变能力指标反映企业对市场变化的应对能力。其计算公式如下：

$$市场应变能力 = \frac{企业新产品开发率}{行业新产品开发率}$$

$$新产品开发率 = \frac{在研产品数 + 储备产品数 + 新产品投产数}{现有生产产品总数}$$

（5）顾客忠诚度。其计算公式如下：

$$顾客忠诚度 = \frac{每百名顾客向本公司购买的某种商品的数量}{每百名顾客从其他同类产品供应商处所购同种商品的数量}$$

4）技术创新能力

衡量一个企业的技术创新能力，可以从现有技术实力、研究与开发两个方面进行评估。

（1）研发支出占销售收入的比重。研发支出对公司保持并提高市场竞争能力至关重要，所以此处重点介绍。

例如，美国苹果公司公告显示，2015年、2016年和2017年公司的研发支出分别是81亿美元、100亿美元和116亿美元。2017年苹果公司的研发支出折算成人民币超过700亿元，这是一个什么概念呢？2016年，贵州茅台的销售收入是400亿元，云南白药的销售收入是220亿元，苹果公司一年的研发支出比这两家行业龙头公司一年的销售收入之和还要多。

在对研发支出进行分析时，可以重点研究两个数据。

第一个数据是过去三年研发支出的绝对金额。人们希望看到上市公司的研发支出像苹果公司那样每年能保持一定幅度的增长。只要看到上市公司持续不断地进行研发投资，就不用太担心未来几年公司的收入和利润的增长。

第二个数据是研发支出占销售收入的比例。统计数据表明，这个比例为10%～30%比较健康，理想情况是在20%左右。如果比例太低，表明上市公司的研发投入不足；而比例太高，往往预示着公司的研发投入不可持续。

（2）人均技术装备水平。人均技术装备水平指标反映企业人均拥有固定资产程度。其计算公式如下：

$$人均技术装备水平 = \frac{生产用固定资产平均原值}{平均生产人员人数}$$

（3）设备先进程度。设备先进程度指标反映企业人均拥有先进设备的程度。其计算公式如下：

$$设备先进程度 = \frac{期末达到国内先进水平以上设备数}{平均生产人员人数}$$

（4）技术创新投入率。技术创新投入率指标反映企业在技术创新活动中的资金投入情况。其计算公式如下：

$$技术创新投入率 = \frac{技术创新活动产生的总经费}{企业产品销售额}$$

（5）技术开发人员比率。技术开发人员比率指标反映企业在技术创新活动中的人力投入。其计算公式如下：

$$技术开发人员比率 = \frac{经常从事技术开发的人数}{年平均职工总人数}$$

（6）新产品开发成功率。新产品开发成功率指标从新产品开发成功的角度反映企业技术创新实力的强弱。其计算公式如下：

$$新产品开发成功率 = \frac{能够形成市场规模的新产品数}{开发的新产品总数}$$

（7）新产品产值率。新产品产值率指标从新产品创造的销售贡献的角度反映企业技术创新实力的强弱。其计算公式如下：

$$新产品产值率 = \frac{创新产品销售额}{企业产品销售总额}$$

（8）专利水平。专利水平指标从企业取得专利数的角度反映企业技术创新实力的强弱。其计算公式如下：

$$专利水平 = \frac{最近三年企业取得专利数}{最近三年企业申请专利数}$$

（9）信息技术拥有率。信息技术拥有率指标反映企业现已拥有的信息技术软、硬件的水平。其计算公式如下：

$$信息技术拥有率 = \frac{信息技术资产总值}{企业总资产价值}$$

（10）人力资本指数。一个企业的人力资本指数可以从企业高级管理人员综合素质指数、员工平均受教育程度和人力资本开发成本率（企业对员工的培训投入）三个方面进行评估。其中，人力资本开发成本率的计算公式如下：

$$人力资本开发成本率 = \frac{人力资本开发总费用}{企业总资产价值}$$

式中，人力资本开发总费用包括在职教育费用、岗位培训费用、脱产培训费用、被培训员工误工损失费、顾客培训费等。

5）资产增长能力

资产是企业用于取得收入的资源，也是企业偿还债务的保障。资产增长是企业发展的一个重要方面，成长性高的企业一般能保持资产的稳定增长。资产增长能力可以用总资产增长率、三年平均资产增长率和固定资产成新率等指标来评价。

（1）总资产增长率。其计算公式如下：

$$总资产增长率 = \frac{本年总资产增长额}{年初资产总额} \times 100\%$$

本年总资产增长额 = 年末资产总额 - 年初资产总额

总资产增长率越高，表明企业一个经营周期内资产经营规模扩张的速度越快，但是不能盲目扩张。要注意资产质和量的关系，真正从扩张上增强企业后续发展能力。通常来说，处于成长期的企业会运用各种渠道（权益性筹资，如新股发行、配股等；债务性筹资，如发行债券、举借各种借款等）来扩张资本规模，从而进行更多的投资项目获得回报。该指标较高反映了企业积极扩张，但是过高就包含了一些风险，因此需要进行综合分析。

除计算总资产增长率对总资产的增长情况进行分析外，还可以对各类具体资产的增长情况进行分析。可以计算以下指标：流动资产增长率、固定资产增长率、无形资产增长率及员工增长率。计算时都是本年增长额除以年初数额。

（2）三年平均资产增长率。其计算公式如下：

$$三年平均资产增长率 = \left(\sqrt[3]{\frac{年末资产总额}{三年前年末资产总额}} - 1 \right) \times 100\%$$

三年平均资产增长率指标消除了资产短期波动的影响，反映了企业较长时期内的资产增长情况。

（3）固定资产成新率。其计算公式如下：

$$固定资产成新率 = \frac{平均固定资产净值}{平均固定资产原值} \times 100\%$$

该指标是企业当期平均固定资产净值同固定资产原值的比率，反映了企业所拥有的固定资产的新旧程度，体现了企业固定资产更新的快慢和持续发展的能力。该指标高表明企业的固定资产比较新，可以为企业服务较长时间，对扩大再生产的准备比较充足，发展的可能性较大。

利用该指标分析时应注意如下问题：

① 应剔除企业应提未提折旧对固定资产真实情况的影响。

② 进行企业间比较时，注意不同折旧方法对指标的影响。

③ 该指标受周期影响大，评价时应注意企业所处周期阶段这一因素。

6) 资本保障能力

可用于评价资本保障能力的指标主要有资本保值增值率、净收益增长率、资本积累率、三年资本平均增长率、股利增长率等。净收益增长率前面已经介绍，此处不再赘述。

（1）资本保值增值率。资本保值增值率是企业扣除客观因素后的本年末股东权益总额与年初股东权益总额的比率，反映企业当年资本在企业自身努力下实际增减变动的情况。其计算公式为：

$$资本保值增值率 = \frac{扣除客观因素后的本年末股东权益总额}{年初股东权益总额} \times 100\%$$

一般认为，资本保值增值率越高，表明企业的资本保全状况越好，股东权益增长越快，债权人的债务越有保障。该指标通常应当大于1。如果该指标小于1，表明企业资本受到侵蚀，没有实现资本保全，损害了股东的权益，也妨碍了企业进一步发展壮大，应予充分重视。

（2）资本积累率。资本积累率是企业本年净资产增长额同年初净资产的比率，反映企业净资产当年的变动水平。较多的资本积累是企业发展强盛的标志，是企业扩大再生产的源泉，是评价企业发展潜力的重要指标。资本积累率的计算公式如下：

$$资本积累率 = \frac{净资产增长额}{年初净资产} \times 100\%$$

该指标体现了企业资本的保全和增长情况。该指标值越高，表明企业的资本积累越多，企业资本保全越好，应付风险、持续发展的能力越强。该指标值如为负值，表明企业资本受到侵蚀，股东利益受到损害，要引起重视。

（3）三年资本平均增长率。净收益增长率指标有一定的滞后性，仅反映当期情况。为反映企业资本保全增值的历史发展情况，了解企业的发展趋势，需要计算连续几年的资本积累情况。三年资本平均增长率的计算公式如下：

$$三年资本平均增长率 = \left(\sqrt[3]{\frac{年末所有者权益总额}{三年前年末所有者权益总额}} - 1 \right) \times 100\%$$

该指标越高，表明企业股东权益得到的保障程度越大，企业可以长期使用的资金越充裕，抗风险和连续发展的能力越强。

利用该指标分析时应注意股东权益各类别的增长情况。实收资本的增长一般源于外部资金的进入，表明企业具备了进一步发展的基础，但并不表明企业过去具有很强的发展和积累能力；留存收益的增长反映企业通过自身经营积累了发展后备资金，既反映企业在过去经营中的发展能力，也反映了企业进一步发展的后劲。

（4）股利增长率。股利增长率与企业价值（股票价值）有很密切的关系。戈登股利增长模型认为，股票价值等于下一年的预期股利除以要求的股票收益率和预期股利增长率的差额所得的商，即股票价值 = $\dfrac{DPS}{r-g}$（其中，DPS 表示下一年的预期股利；r 表示要求的股票收益率；g 表示股利增长率）。从该模型的表达式可以看出，股利增长率越高，企业股票的价值越高。

$$股利增长率 = \dfrac{本年每股股利增长额}{上年每股股利} \times 100\%$$

$$三年平均股利增长率 = \left(\sqrt[3]{\dfrac{本年股利}{三年前每股股利}} - 1\right) \times 100\%$$

7）股东经济增加值

股东经济增加值（economic value added，EVA）指扣除必要的权益资本成本后的净利润增加值。因此，股东经济增加值反映了股东财富的增加，其增长情况反映了公司的发展能力。一个增长型的公司必然是一个能够不断增加股东经济增加值的公司。

股东投资于公司，其权益的账面价值就是净资产。公司在经营中运用这些净资产，从而实现股东财富的增加。但是，净资产价值的增加并不能反映公司的发展能力。因为净资产的增加仅仅扣除了债务资本成本，而忽略了对权益资本成本的补偿。一个企业只有在弥补了所有投入资本成本（包括债务资本成本和权益资本成本）之后，剩下的才是真正属于企业股东所拥有的财富。也就是说，股东投入的资金是有成本的，如银行存款这样的无风险利率为权益资本成本，真正的收益是要将此资金成本扣减的。股东经济增加值的计算公式如下：

股东经济增加值 =（净资产收益率 – 权益资本成本率）× 净资产

前文对净资产收益率有过论述，净资产一般采用期初与期末的平均值。而权益资本成本率的计算是个难题，需要进行测算。目前有多种方法来测算权益资本成本率，归纳起来有折现股利法、资本资产定价模型法和债务资本成本加成法三种方法。由于计算比较麻烦，因此《中央企业负责人经营业绩考核暂行办法》（国资委令第 30 号）在《经济增加值考核细则》附件中明确规定：中央企业资本成本率原则上定为 5.5%；对军工等资产通用性较差的企业，资本成本率定为 4.1%；资产负债率在 75% 以上的工业企业和 80% 以上的非工业企业，资本成本率上浮 0.5 个百分点。

第四节 财务报表分析方法

财务报表分析以财务报表和其他资料为依据和起点，采用专门方法，系统分析和评价企业过去与现在的财务状况、经营成果及现金流量状况的变动。财务报表分析的最基本功能是将大量的报表数据转换成对特定决策有用的信息，减少决策的不确定性。财务报表分析的基本方法包括结构分析、趋势分析、比率分析、比较分析、因素分析和项目质量分析。

一、结构分析法

结构分析法又称比重分析法，是测定经济指标的各个构成部分在总体中所占比重并加以分析的方法。常用计算结构相对数的方法，说明各构成部分在总体中的地位和作用，从而分清主要问题和一般问题，从内部结构揭示事物的本质特征。同时，通过分析结构相对数的变化情况，来了解企业生产经营活动的效果。如用结构分析法分析产品等级品率比重的升降，可以反映产品质量的变化；分析产品成本构成的变化，可以挖掘降低成本的潜力等。

结构分析是在同一财务报表内部各项目之间进行比较，以某一关键项目的金额为100%，将其余项目与之相比，以显示各项目的相对地位，分析各项目的比重是否合理。以这种百分比表示的财务报表，也称为共同财务报表，对应于平时以绝对数额表示的财务报表。结构分析法可以帮助分析人员从总体上把握公司内部各项报表项目的比重是否合理。构成百分率的计算公式如下：

$$构成百分率 = 某个组成部分数额 \div 总体数额$$

结构分析法的主要步骤如下：

（1）确定分析对象。分析对象就是要进一步分解的总体指标。在会计分析中，具体选择哪些总体指标取决于分析的目的和所要解决的问题。

（2）找出总体指标的组成部分。找出总体指标的组成部分，也就是要确认总体指标是由哪些部分所构成。通常情况下，要运用到分类法，即按某种标准把总体指标分解为多个类别，这些类别也就是总体的构成内容。

（3）计算个体指标占总体指标的比重。根据所占有的资料，可测算每个个体指标占总体指标的比重或比例；全部个体指标占总体指标的比重之和为100%，计算公式为：

$$某个个体指标占总体指标的比重 = 该个体指标的数值 / 总体指标的数值 \times 100\%$$

∑个体指标占总体指标的比重 =100%

（4）比较分析，得出结论。根据计算的个体指标所占的比重及其变化程度和趋势，判断各构成部分是否合理、结构比例是否协调。

二、趋势分析法

趋势分析法是通过观察连续数期的财务报表，比较各期的有关项目金额，分析某些指标的增减变动情况，在此基础上判断其发展趋势，从而对未来可能出现的结果做出预测的一种分析方法。运用趋势分析法，报表使用者可以了解有关项目变动的基本趋势，判断这种趋势是否有利，并对企业的未来发展做出预测。例如，通过对应收账款的趋势进行分析，就可对坏账发生的可能性与应催收的货款做出一般评价。

财务报表趋势分析具有以下特征：

（1）纵向分析。它将企业的财务数据按时间序列进行比较分析，实际上是在企业财务报表过去资料的基础上分析现在并展望未来，把企业置于发展运动中加以考察。

（2）动态分析。它以企业财务报表的历史数据为主要分析依据，对企业整个经营过程或最近几年的财务状况和经营业绩进行全方位的考察。趋势分析法是从动态角度反映企业的财务状况和经营成果，能够较为深刻地揭示各项财务数据的增长变化及其发展趋势，从而发现许多财务报表内含的财务关系，并有利于对未来做出合乎逻辑的预测。简言之，趋势分析法能够有效地克服静态分析法在分析范围上的不足。

运用趋势分析法的步骤有如下两步：

（1）计算趋势比率或指数。趋势指数的计算通常有两种方法，即定基指数和环比指数。

（2）根据指数计算结果，评价和判断企业该指标的变动趋势和合理性。

应用趋势分析法时还需要注意以下三点：

（1）比较的指标。既可以针对财务报表的相关项目，也可以针对财务指标，还可以针对结构比重。

（2）比较的形式。财务报表使用者可以不加处理，直接采用分析图的形式进行比较分析，这样更加直观。

（3）比较的基础。财务报表使用者需要注意当某项目基期为零或负数时就不能计算趋势指数，因为这样比较会失去实际意义，此时可以采用趋势分析图的形式。

三、比率分析法

比率分析是在同一张财务报表的不同项目或不同类别之间，或在不同财务报表的有关项目之间，用比率来反映它们相互之间的关系，据以评价企业的财务状况和经营业绩，并找出经营中存在的问题和解决办法。比率分析法可以将纷繁复杂的财务数据通过比率简洁、直观地反映出来，并揭示潜在的问题。

比率指标主要包括构成比率、效率比率和相关比率。

1. 构成比率

构成比率又称结构比率，主要用以计算某项经济指标的各个组成部分占总体的比重，反映部分与总体的关系。其计算公式为：

$$构成比率 = 某一组部分数额 \div 总体数额$$

固定资产占总资产的比重，负债占总权益的比重，收不回来的应收账款占全部应收账款的比重等，都属于构成比率指标。利用构成比率，可以考察总体中某个部分的形成和安排是否合理，以便协调各项财务活动。

2. 效率比率

效率比率用于计算某个经济活动中支出与所得的比例，反映投入与产出的关系，如成本费用与销售收入的比率、资金占用额与销售收入的比率等。利用效率比率指标，可以进行得失比较，考察经营成果，评价经济效益的水平。

3. 相关比率

相关比率是以某个项目与相互关联但性质不相同的项目加以对比所得的比率，反映有关经济活动的相互关系。利用相关比率指标，可以考察有联系的相关业务安排得是否合理，以保障企业经济活动能够顺利进行。如将流动资产与流动负债加以对比，计算出流动比率，据以判断企业的短期偿债能力。

进行比率分析时应注意以下几点：

（1）所分析的项目要具有可比性、相关性，将不相关的项目进行对比没有意义。

（2）对比口径的一致性，即比率的分子项与分母项必须在时间、范围等方面保持口径一致。

（3）选择比较的标准要具有科学性，要注意行业因素、生产经营情况差异性等因素。

（4）要注意将各种比率有机联系起来进行全面分析，不可孤立地看某种或某类比率，同时要结合其他分析方法，这样才能对企业的历史、现状和将来有一个详尽的分析和了解，达到财务分析的目的。

综上所述，比率分析法的优点是计算简便，计算结果容易判断，而且可以使某些指标在不同规模的企业之间进行比较，甚至也能在一定程度上超越行业之间的差别进行比较。但比率分析法也存在不足之处，突出表现在：比率分析属于静态分析，对于预测未来并非绝对合理可靠。比率分析所使用的数据为账面价值，难以反映物价水准的影响。由此可见，在运用比率分析时，要注意将各种比率有机联系起来进行全面分析，不可单独地看某种或各种比率，否则便难以准确地判断公司的整体情况；要注意审查公司的性质和实际情况，而不能只是着眼于财务报表；要注意结合差额分析，这样才能对公司的历史、现状和将来有一个详尽的分析、了解，达到财务分析的目的。

四、对比分析法

对比分析法也称比较分析法，是把客观事物加以比较，以达到认识事物的本质和规律并做出正确评价的目的。对比分析法通常是把两个相互联系的指标数据进行比较，从数量上展示和说明研究对象规模的大小、水平的高低、速度的快慢，以及各种关系是否协调。

对比分析法可分为静态比较和动态比较两类。其中，静态比较指在同一时间条件下对不同总体指标的比较，如不同部门、不同地区、不同国家的比较，也称为横向比较，简称横比。而动态比较指在同一总体条件下对不同时期指标数值的比较，也称为纵向比较，简称纵比。动态比较和静态比较这两种方法既可单独使用，也可结合使用。进行对比分析时，可以单独使用总量指标、相对指标或平均指标，也可将它们结合起来进行对比。

对比分析法的实践运用主要体现在如下五方面：

（1）与目标对比。具体就是实际完成值与计划目标进行对比，属于横比。例如，实际指标与计划指标对比：

实际指标较计划指标增减数 = 报告期的实际完成数 − 报告期的计划数

计划完成百分比 =［实际完成数（或预计）÷ 计划数（或定额）］× 100%

实际指标较计划指标增减百分比 = 计划完成百分比 − 100%

累计完成计划程度=（本年本月止累计实际完成数÷本年计划数）×100%

（2）与不同时期对比。具体就是选择不同时期的指标数值作为对比标准，属于纵比。例如，本期实际指标同上期或上年同期实际指标对比指标：

本期实际指标较上期或上年同期实际增减数=本期实际指标－
上期或上年同期实际指标

本期实际指标为上期或上年同期实际指标的百分比=本期实际指标为上期或
上年同期实际指标的百分比－100%

（3）与同级部门、单位、地区对比。具体就是与同级部门、单位、地区进行对比，属于横比。

本企业实际指标较同类型先进企业实际指标增减数=本企业实际指标－
同类型先进企业实际指标

本企业实际指标为同类型先进企业实际指标的百分比=本企业实际指标为同类
型先进企业实际指标的百分比－100%

（4）与行业内对比。具体就是与行业中的标杆企业、竞争对手或行业的平均水平进行对比，属于横比。

（5）与活动效果比。具体就是对某项营销活动开展前后进行对比，属纵比。同时，还可以对活动的开展状况进行分组对比，这属于横比。

在使用对比分析法时需要注意指标的口径范围、计算方法、计量单位必须一致，即要用同一种单位或标准去衡量。同时还需要重视对比的对象要有可比性，对比的指标类型必须一致。无论绝对数指标、相对数指标、平均数指标，还是其他不同类型的指标，在进行对比时，双方必须统一。

五、因素分析法

因素分析法是依据分析指标与其影响因素的关系，从数量上确定各因素对分析指标影响方向和影响程度的一种方法。因素分析法既可以全面分析各因素对某一经济指标的影响，又可以单独分析某个因素对经济指标的影响，在财务分析中应用颇为广泛。

主要的因素分析法包括连环替代法、差额分析法、指标分解法和定基替代法。

（1）连环替代法。

它是将分析指标分解为各个可以计量的因素，并根据各个因素之间的依存关系，顺次用各因素的比较值（通常为实际值）替代基准值（通常为标准值或计划值），据以测定各因素对分析指标的影响。

例如，设某一分析指标 M 是由相互联系的 A、B、C 三个因素相乘得到，报告期（实际）指标和基期（计划）指标为：

报告期（实际）指标 $M_1=A_1B_1C_1$

基期（计划）指标 $M_0=A_0B_0C_0$

在测定各因素变动指标对指标 R 影响程度时可按顺序进行：

基期（计划）指标 $M_0=A_0B_0C_0$……①

第一次替代 $A_1B_0C_0$……②

第二次替代 $A_1B_1C_0$……③

第三次替代 $A_1B_1C_1$……④

分析如下：

②－①→A 变动对 M 的影响。

③－②→B 变动对 M 的影响。

④－③→C 变动对 M 的影响。

把各因素变动综合起来，总影响：$\Delta M=M_1-M_0=$ ④－③＋③－②＋②－①。

（2）差额分析法。

它是连环替代法的一种简化形式，是利用各个因素的比较值与基准值之间的差额，来计算各因素对分析指标的影响。

例如，某一个财务指标及有关因素的关系由如下公式构成：

实际指标：$P_o=A_oB_oC_o$

标准指标：$P_s=A_sB_sC_s$

实际指标与标准指标的总差异为 P_o-P_s，P_o-P_s 这一总差异同时受到 A、B、C 三个因素的影响，它们各自的影响程度可分别由以下公式计算求得：

A 因素变动的影响：$(A_o-A_s)B_sC$

B 因素变动的影响：$A_o(B_o-B_s)C$

C 因素变动的影响：$A_oB_o(C_o-C_s)$

最后，以上三大因素各自的影响数相加就应该等于总差异 P_o-P_s。

（3）指标分解法。

例如，资产利润率可分解为资产周转率和销售利润率的乘积。

（4）定基替代法。

分别用分析值替代标准值，测定各因素对财务指标的影响，例如标准成本的差异分析。

运用因素分析法的一般程序为：确定需要分析的指标；确定影响该指标的各因素及与该指标的关系；计算确定各个因素影响的程度数额。

因素分析法是财务分析方法中非常重要的一种分析方法。运用因素分析法，准确计算各个影响因素对分析指标的影响方向和影响程度，有利于企业进行事前计划、事中控制和事后监督，促进企业进行目标管理，提高企业经营管理水平。因素分析法的使用需要注意因素分解的相关性、分析前提的假定性、因素替代的顺序性和顺序替代的连环性。这几个问题在实际应用中处理比较混乱，有必要对此进行深入探讨，以便正确运用。

（1）因素分解的相关性。

财务指标分解的各个因素既要经济意义明确，又要与分析指标之间具有相关性，必须能够说明分析指标产生差异的内在原因，即它们之间从理论上说必须有紧密逻辑联系的实质，而不仅仅是具有数量关系的等式形式。因为有时财务指标所分解的因素经济意义是明确的，但是与分析指标之间只有数量关系的等式形式，而没有紧密逻辑联系的实质，则分解指标进行因素分析毫无意义。例如，总资产收入率可以分解为总资产产值率与产品销售率的乘积，总资产产值率反映企业每元资产所创造的产值是多少，产品销售率反映企业生产的产品有多大比例销售出去，即产销比例。

这两个指标的增加对于企业整个生产经营来说是有利的，反之是不利的。它们不仅经济意义明确，而且与总资产收入率之间具有很强的相关性，即它们的增加或减少必然引起总资产收入率的增加或减少。假定将总资产收入率分解为固定资产占总资产的比重与固定资产收入率的乘积。固定资产占总资产的比重与总资产收入率之间并没有必然的逻辑联系，且固定资产占总资产的比重的大小对企业是有利还是不利对于不同类型的企业也是不一样的。由此可见，这样分解指标是不正确的，即使进行因素分析也毫无意义。因此，分解财务指标不能简单进行数量等式的分解，而要根据影响因素与指标之间存在的相关性这一前提条件进行分解。

（2）分析前提的假定性。

分析某一因素对分析指标的影响时必须假定其他因素不变，只有这样才能准确计算单一因素对分析指标的影响程度。

分析某一因素对分析指标的影响而假定其他因素不变，必须要求各因素之间没有显著的相关性。即各因素对分析指标的作用，是直接且相互独立的，具体来说就是某一因素对分析指标的影响不会导致其他因素对分析指标的影响，或者该因素对分析指标的影响中不包含其他因素对分析指标的影响。例如，在分析产品销售收入时将其分解为销量和价格两个影响因素，销量和价格对销售收入的作用是直接且相互独立的，它们之间没有显著的相关性。如果把销售收入分解为销量、价格和产品质量（产品等级）三个因素，这时价格和产品质量之间有显著的相关性，因为质量好的产品价格高，产品质量通过影响价格而间接影响产品销售收入。因此，在分析价格对产品销售收入的影响时，就包含分析产品质量对产品销售收入的影响。

在这种情况下，可以首先分析价格（含质量因素）对产品销售收入的影响，然后再分别分析纯价格因素（不含质量因素）和产品质量对产品销售收入的影响。

为保证各因素之间没有显著的相关性，指标分解不是越细越好，指标分解越细，各因素之间越可能存在显著的相关性。因此，进行指标分解时首先应将那些能够直接对财务指标产生影响的因素即直接因素分解开，计算直接因素对分析指标的影响程度。而那些通过影响直接因素而影响分析指标的因素为间接因素，在分析直接因素对财务指标的影响程度后，在直接因素下再对间接因素进行分析，从而得出间接因素对财务指标的影响程度。

（3）因素替代的顺序性。

在进行因素分析时，要严格按照科学合理的替代顺序对每一个因素进行分析。由于分析前提的假定性，在分析某因素对分析指标的影响时，必须假定其他因素保持不变。为了保证各因素对分析指标的影响之和（相对影响为其乘积）等于分析指标自身的变动程度，对于已经替代的因素将其固定在报告期，而还没有替代的因素将其固定在基期。这样因素替代顺序的不同必然导致分析结果的差异，所以替代顺序的确定必须有科学的原则。

传统的替代顺序选择方法是数量指标在前、质量指标在后。这种方法在只有两个因素且一个为数量指标、一个为质量指标的前提下很容易判断。但对财务指标进行因素分析时经常受多个因素的影响，而且各因素都是质量指标，这种方法就不适用了。

在确定替代顺序时，要做到：根据分析指标的内涵排列各因素的逻辑顺序；如果是多因素相乘，保证相邻的两个指标的乘积具有经济意义；遵循先外延后内涵、由表及里的逻辑顺序。

首先，根据分析指标的内涵，若各因素存在显著的逻辑顺序，应该按照逻辑顺序来排列。一是因为财务指标（尤其是相对指标）分解后的各个因素往往能反映企业生产经营各个环节的情况，而企业生产经营环节具有逻辑顺序，如企业先有产值，接着实现收入，然后形成利润，最后收回现金流等。二是因为因素分析中各因素的替代是将该因素由基期替代为报告期，其实质是因素从基期到报告期的变化，所以逻辑顺序在前的因素先变化，逻辑顺序在后的因素后变化。在杜邦财务分析体系中，净资产收益率可分解为权益乘数、总资产周转率和销售净利率三个指标。权益乘数反映企业的筹资环节，总资产周转率反映企业的生产销售环节，销售净利率反映企业销售及财务成果形成环节。该分析体系具有显著的前后逻辑顺序，因此权益乘数排列在第一，接着是总资产周转率，最后是销售净利率。同时相邻两个因素权益乘数与总资产周转率的乘积为净资产收益率，总资产周转率与销售净利率的乘积为总资产净利润率，都具有明确的经济意义。

其次，若各因素之间不存在显著的逻辑顺序，就根据先外延后内涵、由表及里的原则确定。数量指标一般反映事物的外延，而质量指标反映事物的内涵。为了单纯反映数量指标的变动影响，在衡量数量指标的因素影响时，人们更关心在现有的质量指标情况下数量指标变化如何影响分析指标。在衡量质量指标的因素影响时，人们更关心在数量指标变化后质量指标因素的变动影响。例如，人们更关心销量变化后价格如何影响销售额，所以分析价格因素影响时把销量固定在报告期，而分析销量因素对销售额的影响时，人们更关心在现有价格水平下销量变化对销售额的影响。数量指标替代在前，质量指标替代在后，这也符合先外延后内涵、由表及里的逻辑顺序。

（4）顺序替代的连环性。

进行因素分析时，在排好各因素的替代顺序后必须严格按照替代顺序，将某因素的替代结果与该因素替代前的结果进行对比，一环套一环。这样才能保证各因素对分析指标影响程度的可分性，且便于检验分析结果的准确性。因为只有连环替代并确定各因素影响程度，才能保证各因素对财务指标的影响之和（相对影响为其乘积）与分析对象相等。

六、项目质量分析法

项目质量分析法指通过对财务报表的各组成项目金额、性质以及状态的分析，找出重大项目和异动项目，还原企业对应的实际经营活动和理财活动，并根据报表中各项目自身特征和管理要求，在结合企业具体经营环境和经营战略的基础上对各项目的具体质量进行评价，进而对企业整体财务状况质量做出判断。

在这种方法下，财务报表分析包括资产质量分析、资本结构质量分析、利润质量分析和现金流量质量分析，最终上升到财务状况整体质量分析。

项目质量分析法具有以下特点：

（1）能够针对重大项目和异动项目制订个性化的分析方案。

（2）还原项目背后的经济活动，透视财务质量背后的管理质量。

（3）重视对报表附注的分析与利用，强调报表分析的会计色彩，挖掘项目的具体会计含义。

第二章 炼化行业战略分析

企业战略是企业长远发展的规划和方向，是指导企业决策和行动的重要指南。清晰明确的企业战略可以使企业明确其在市场中的定位；可为企业的日常决策提供指导；有助于企业合理地配置资源；帮助企业根据市场发展趋势和竞争对手的行动，调整自身发展方向，提高竞争力；有助于企业建立稳定的发展模式，实现长期可持续发展。

本章通过介绍引用案例 D 石化公司的企业基本情况，分析炼化企业的宏观环境、炼化行业环境及 D 石化公司的价值链，从公司战略层面对案例企业的经营情况进行分析。

第一节 D 石化公司企业简介

D 石化公司是中国石油天然气股份有限公司的地区分公司，是以大庆油田原油、俄罗斯原油、轻烃、天然气为主要原料，从事炼油、化肥、乙烯、塑料、液体化工、橡胶、腈纶生产，并具备工程技术服务、机械制造加工、生产技术服务的大型石油化工联合企业。

D 石化公司始建于 1962 年，现有二级单位 25 个，员工 1.9 万余人，生产装置、公用工程及辅助设施 170 套，可生产 63 个品种 488 个牌号的产品。炼油加工能力 1000 万吨 / 年，乙烯生产能力 120 万吨 / 年，合成氨 45 万吨 / 年，尿素 76 万吨 / 年，聚乙烯 111 万吨 / 年，聚丙烯 10 万吨 / 年，丙烯腈 8 万吨 / 年，丁辛醇 20 万吨 / 年，苯乙烯 19 万吨 / 年，ABS 10.5 万吨 / 年，顺丁橡胶 16 万吨 / 年，腈纶丝 6.5 万吨 / 年。2011 年，营业收入首次突破 500 亿元。2012 年，科技部 "863 计划" 重点攻关项目 120 万吨 / 年乙烯改扩建工程建成投产，宣告我国首个国产化大型乙烯成套技术工业化获得成功，彻底改变了半个多世纪以来乙烯技术依赖进口的被动局面，极大地提升了中国石油化工行业在国际炼化领域的话语权。2014 年，乙烯产量首次超过 100 万吨。2019 年，乙烯产量实现 120 万吨达产。2020 年，炼油结构调整转型升级项目建成中交，D 石化公司正式迈入千万吨级炼化一体化企业行列。截至 2022 年，累计加工原油 3.01 亿吨，生产乙烯 2213.59 万吨，完成工业总产值 9635 亿元，累计实现营业收入 10419 亿元，累计上缴税费 1327 亿元。

D 石化公司下设炼油厂、化肥厂、化工一厂、化工二厂、化工三厂、塑料厂、腈纶厂、热电厂和水气厂九个主要生产分厂，从事工程建设、装备制造及多种经营。

炼油厂于 1963 年建成投产，是集生产燃料油、润滑油、石蜡、化工原料为一体的炼油企业。原油加工能力 1000 万吨/年，主要产品包括汽油、柴油、煤油、石蜡、石油焦和化工原料，汽柴油质量达到国Ⅵ质量标准。

化肥厂于 1976 年建成投产，是我国同期引进的 13 套大化肥装置之一，是以油田天然气为主要原料，从事合成氨及尿素生产的企业。主要有 45 万吨/年合成氨装置、80 万吨/年尿素生产装置，是我国重要的化肥生产基地之一。

化工一厂于 1986 年建成投产，是以乙烯裂解为主体的生产厂。乙烯生产能力 120 万吨/年，主要包括 33 万吨/年、27 万吨/年和 60 万吨/年三套蒸汽裂解制乙烯装置，5 万吨/年 +15 万吨/年两套丁二烯抽提装置，12 万吨/年 +50 万吨/年两套汽油加氢装置，12 万吨/年 +40 万吨/年两套芳烃抽提装置和 12 万吨/年甲基叔丁基醚（MTBE）装置。

化工二厂于 1986 年建成投产，主要有 22800 米^3/时造气装置、20 万吨/年丁辛醇装置、8 万吨/年丙烯腈装置、1.5 万吨/年丙酮氰醇装置和 1 万吨/年硫铵装置。

化工三厂于 1996 年建成投产，主要有 9 万吨/年苯乙烯装置、10.5 万吨/年 ABS 装置、7.5 万吨/年 SAN 装置、两套 8 万吨/年顺丁橡胶装置、10 万吨/年聚丙烯装置和 10 万吨/年乙苯脱氢装置。

塑料厂于 1986 年建成投产，主要有 24 万吨/年低压高密度聚乙烯装置、6 万吨/年高压低密度聚乙烯装置（一套）、20 万吨/年高压低密度聚乙烯装置（二套）、8 万吨/年线型低密度聚乙烯装置（造粒能力 6 万吨/年）、25 万吨/年全密度聚乙烯装置和 30 万吨/年全密度聚乙烯装置。

腈纶厂于 1988 年建成投产，主要有 6.5 万吨/年腈纶装置和 2 万吨/年毛条装置。2000 年建成投产了 500 吨/年的腈纶试验装置。

第二节　炼化企业宏观环境分析

宏观环境分析的方法主要是 PEST 分析方法，P 是政治（politics），E 是经济（economy），S 是社会（society），T 是技术（technology）。在分析一个企业所处的背景时，通常是通过这四个因素来分析企业所面临的状况。

一、政治法律环境

石油化工行业是国民经济发展的重要支柱行业，其对国家的能源安全和经济社会发展具有重要的支撑作用。石油化工行业的发展离不开宏观经济政策的支持。当前，我国宏观经济政策主要聚焦于"稳增长、调结构、促改革、惠民生"，其中"调结构"是其中的关键一环。在这一背景下，国家大力推进供给侧结构性改革，强化优化经济结构、推进能源转型和深化产业升级等层面，促进石油化工行业的高质量发展。同时，政府加大对石油化工企业的税收、融资、劳动力等方面的支持，增强了行业的发展信心。

石油化工行业是国民经济的重要支柱产业，但其高能耗、高碳排放的特征同样显著。"双碳"目标之下，石化行业面临艰巨的减排任务。国务院印发的《2030 年前碳达峰行动方案》明确指出，要开展石化行业碳达峰行动，优化产能规模和布局，加大落后产能淘汰力度，有效化解结构性过剩矛盾。到 2025 年，国内原油一次加工能力控制在 10 亿吨/年以内，主要产品产能利用率提升至 80% 以上。

二、经济环境

1. 国际经济环境

当今世界面临百年未有之大变局，经济全球化仍是共同选择。全球经济发展在诸多方面仍存在不确定性，作为日益崛起的发展中国家，我国面临的国际经济环境总体上可以总结为以下几个方面：

（1）当前的国际经济环境总体比较有利。当前世界经济和贸易持续快速增长，国际金融形势继续保持稳定，全球股市普遍明显回升。总体上，为我国经济发展提供了比较有利的外部经济环境。特别是随着日本和欧元区经济的复苏，我国的外部需求将进一步扩大，有利于我国保持出口的快速增长；而亚洲、拉美和中东欧等地区经济继续稳定增长有利于我国拓展对新兴市场的出口，加快实现出口市场多元化的步伐，分散出口市场过于集中所带来的风险。

（2）全球产业转移和结构调整加快蕴藏新的机遇。在经济全球化趋势深入发展的背景下，高新技术产业和先进制造业及其研发环节以及现代服务业的调整转移步伐加快，跨国直接投资继续重点投向有市场和成本优势的新兴市场地区，不仅有利于我国继续引进外资和先进技术，加快国内的产业结构升级和技术进步，而且也为我国企业"走出去"扩大对外投资带来了新的机遇，有利于我国具有相对先进技术和竞争优势的制造业企业到其他新兴市场发展，从而缓解国内部分行业产能过剩和外汇储备过高的压力。

（3）全球经济严重失衡造成外部风险和压力增大。一方面，全球经济失衡可能导致的无序调整，特别是国际资本流动格局的改变和美元的剧烈贬值，将对全球经济金融形势的稳定造成冲击，从而破坏我国经济发展的外部环境；另一方面，我国国际收支持续保持双顺差，经常项目盈余和外汇储备继续扩大，对全球经济失衡的另一极美国又存在大量的贸易顺差，因此在人民币汇率和市场开放等问题上还会面临要求进行政策调整的压力，同国外的经济贸易摩擦也将会增多。为防止全球经济失衡可能造成的风险，必须加快调整出口产品结构和内外需求比例关系，将经济增长的立足点切实转向扩大内需，特别是国内消费需要方面。

（4）石油进口安全和油价持续高涨问题日益突出。当前国际市场石油供求关系始终处于脆弱的平衡状态，诸如伊朗核问题等地缘政治因素对石油供应和国际油价的影响存在巨大不确定性。一旦这些问题得不到缓解而引发新的国际冲突，国际石油供应将受到严重影响，国际油价有可能在目前的高位上继续高涨，这将对我国的石油进口安全产生不利影响，而持续高涨的国际油价也会最终推动国内通货膨胀的上升。因此，必须加快石油战略储备建设，大力推进石油进口地区多元化战略，确保石油进口安全，同时也要采取必要的价格和补贴措施来减缓国际油价高涨对国内价格稳定可能构成的冲击。

2. 国内经济环境

国家统计局发布，2022年全国居民人均可支配收入36883元，比上年名义增长5.0%，扣除价格因素，实际增长2.9%。人们的生活质量得到了不断提升，工业生产稳步恢复，装备制造业增长较快。2023年上半年，全国规模以上工业增加值同比增长3.8%，比一季度加快0.8个百分点。分三大门类看，采矿业增加值同比增长1.7%，制造业增长4.2%，电力、热力、燃气及水生产和供应业增长4.1%。装备制造业增加值增长6.5%，比全部规模以上工业增速快2.7个百分点。分经济类型看，国有控股企业增加值同比增长4.4%；股份制企业增长4.4%，外商及港澳台商投资企业增长0.8%；私营企业增长1.9%。分产品看，太阳能电池、新能源汽车、工业控制计算机及系统产量分别增长54.5%、35.0%、34.1%。6月，规模以上工业增加值同比增长4.4%，环比增长0.68%。6月，制造业采购经理指数（PMI）为49.0%，企业生产经营活动预期指数为53.4%。新冠疫情过后经济逐渐复苏，为石化行业的发展营造了良好的大环境。

2022年，我国石油和化工行业克服诸多挑战取得了极其不易的经营业绩，行业生产基本稳定，营业收入和进出口总额增长较快，效益比上年略有下降，但总额仍处高位。2022年，我国石油化工行业市场规模为191761.2亿元，同比增长16.34%。

三、社会文化环境

社会文化环境指特定阶段和一定社会形态下已形成的信念、价值观念、宗教信仰、道德规范、审美观念及风俗习惯等社会公认的各种行为规范。近年来，随着国家倡导低碳经济、绿色环保理念深入人心，全社会公众对石化行业"三废"排放提出更高要求，很大程度上推动了石油和化学工业淘汰落后产能，实现绿色转型和可持续发展。

石油化工"三废"产生重点子行业：

废气——生产过程中排放的二氧化硫主要集中在炼油、硫酸等行业，氮氧化物主要集中在炼油、硝酸等行业。挥发性有机化合物（VOCs）排放主要集中在炼油、石油化工、精细化工（农药、染料、涂料及中间体）等有机化工行业。

废水——废水污染物成分复杂且难以治理，主要集中在煤化工、农药、染料、助剂等精细化工行业。

重金属污染物排放——主要集中在无机盐、无机颜料、电石法聚氯乙烯等涉重行业，如铬盐、铅盐、铅铬颜料、聚氯乙烯等产品。

据《中国环境统计年报》数据：2019年我国石油化工全行业排放废水41.9亿吨，占工业排放的20.2%，氮氧化物排放占5.9%，危险废物排放占26.5%，石油类污染物排放占12%。布局型环境隐患、"三废"污染问题突出，对石油化工行业环境安全构成很大威胁，累积型、遗留隐患型环境风险凸显。

四、科技环境

石油化工行业由来已久，早在18世纪，欧洲就开始用油炼制石油产品。20世纪50年代，石油化工成为全球制造业的主要支柱之一。为了提高生产效率和降低成本，人们开始尝试各种新的科技，如化学反应工程和节能措施等。这些创新大大提高了行业的效率和产量。

尽管石油化工行业已经发展了几十年，但它仍面临着许多挑战。其中最大的挑战之一是环境问题。石油化工生产会产生大量的废水、废气和垃圾，这些废弃物对环境造成了严重的污染和危害。此外，全球范围内的石油资源日益稀缺，价格不断攀升，石油化工企业需要寻找新的替代品和节约能源的方法。随着国民经济的快速发展，石油化工行业的发展受到社会、环境和政治的严格监管。

为了应对当前的挑战，石油化工行业逐渐朝着一些新的方向发展，其中一个趋势是向低碳经济转型。许多企业正在寻找更加环保和高效的生产方式，例如采用天然气、生物质、太阳能等可再生能源。此外，人们也在考虑如何将废弃物利用起来，提高资源的回收利用率。另一个趋势是数字化转型。当前，人工智能和大数据技术正在被广泛应用于石油化工行业。通过数字化技术，企业可以更好地管理资源，监测生产过程并优化决策。

第三节 炼化行业环境分析

一、行业特征分析

国家统计局数据显示，2022年规模以上石油和化工行业增加值比上年增长1.2%；营业收入增长14.4%，利润总额下降2.8%；每百元营业收入中的成本为83.26元，全行业亏损面为19.4%，亏损企业亏损额2219.4亿元，资产负债率54.7%。

分行业看，石油和天然气开采业效益大幅增长，全年实现利润总额大幅增长109.8%；化学原料和化学制品制造业效益增速由正转负，全年实现利润总额下降8.7%。油气生产保持平稳增长。2022年，全国原油产量6年来重上2亿吨平台，达2.05亿吨，比上年增长2.9%；天然气产量2201.1亿立方米，增长6.0%。原油加工量6.76亿吨，下降3.4%；成品油产量（汽油、煤油、柴油合计，下同）3.66亿吨，增长3.2%。其中，柴油产量1.91亿吨，增长17.9%；汽油产量1.45亿吨，下降5.1%；煤油产量2949.1万吨，下降24.9%。重点化学品生产平稳。

2022年，我国化工行业产能利用率为76.7%，比上年下降1.4个百分点。全年乙烯产量2897.5万吨，比上年增长2.5%；硫酸产量9504.6万吨，增长1.3%；烧碱产量3980.5万吨，增长2.3%；纯碱产量2920.2万吨，增长0.3%；橡胶轮胎外胎产量8.56亿条，下降5.0%。

1. 行业竞争分析

从波特五力模型角度分析，目前国内石化企业数量众多，行业现有竞争者竞争较为激烈；上游原材料行业对石化产业的议价能力较强，主要原因是上游原材料价格（原油、天然气）的主要影响因素为国际市场的价格波动；石化产品生产及销售方面，目前国内高端石化产品供不应求，因此下游企业对石油化工产业议价能力较弱；由于外资企业和国有企业不断扩大生产规模，同时国有企业，尤其是中国石油、中国石化等企业占据了油气生产的绝对垄断地位，新进入者很难有立足之地，因此石油化工产业新进入者的威胁较小；随着我国煤化工行业的快速发展，煤制油、煤制气、煤制乙烯、煤制甲醇等生产能力与水平大幅提高，对以石油和天然气为主要原材料的石油化工产业造成较大威胁，因此行业替代品威胁较大。

根据以上分析，对各方面的竞争情况进行量化，石化产业的竞争情况如图2-1所示。

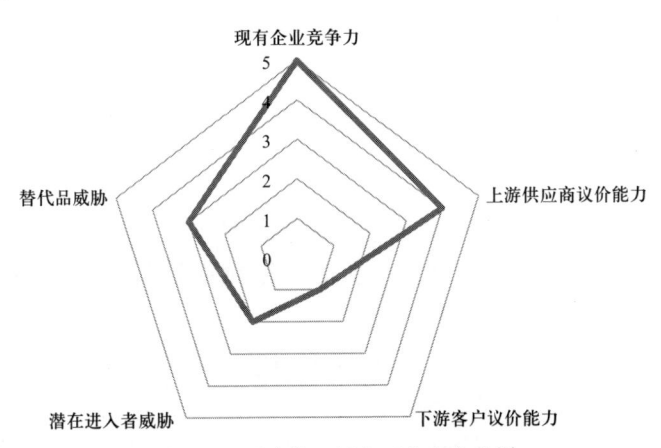

图2-1　石油化工行业五力竞争分析
0代表最小（竞争小/威胁小/议价能力弱），5代表最大（竞争激烈/威胁大/议价能力强）

2. 行业需求特征分析

石油化工行业的消费需求是该行业市场的基础，在当今经济全球化时代，全球石油化工行业的消费需求与不断变化的消费需求相关联，这种变化影响着新兴市场的发展和未来的投资机会。因此，及时了解石油化工行业的消费需求，具有重要的战略意义和参考价值。

1）成品油行业需求情况

总体来看，2022年我国成品油产量3.66亿吨，同比增长2.4%；成品油需求3.33亿吨，同比增长4.2%，较2019年增长7.5%（图2-2）。成品油需求表现继续分化，其中汽油需求1.33亿吨，同比下降5.4%；柴油需求1.81亿吨，同比增长23.0%；煤油需求1969万吨，继续负增长，同比下降39.3%。全年出口量达到3443万吨，同比下降14.6%。

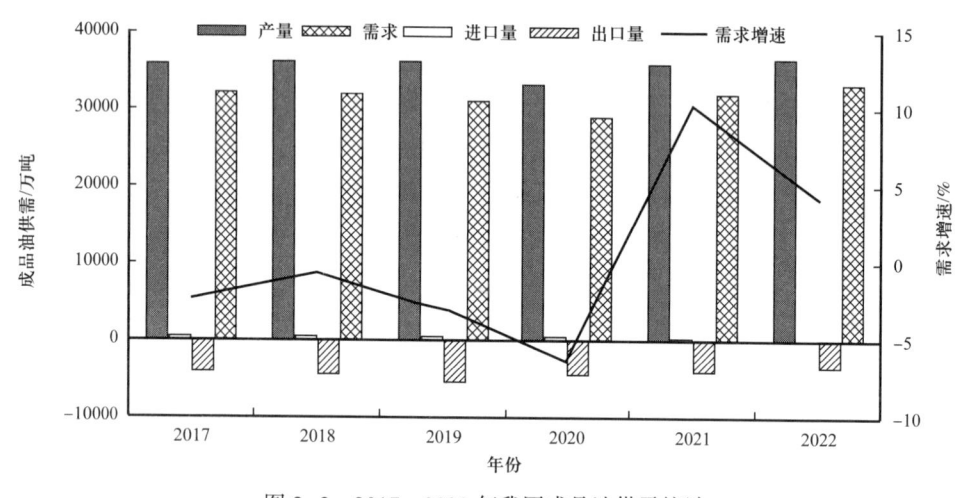

图 2-2　2017—2022年我国成品油供需统计

2）石化产品行业需求状况

石化产品需求正成为石油消费增量的最大推动力，是决定石油总消费量走势的重要影响因素之一。合成树脂（塑料）、合成橡胶和合成纤维三大合成材料是石化下游的最主导和最重要产品。以"三烯三苯"（乙烯、丙烯、丁二烯、苯、甲苯、二甲苯）为代表的有机原料是石化行业主要的中间产品，用作生产合成树脂（塑料）、合成橡胶和合成纤维等的原料。

（1）合成树脂行业需求情况。

随着国民经济和石油化工行业的发展，我国合成树脂生产规模不断扩大，行业工艺技术水平不断提高，产品产量不断增加。2022年，中国合成树脂产量11366.9万吨，同比增长1.5%（图2-3）。

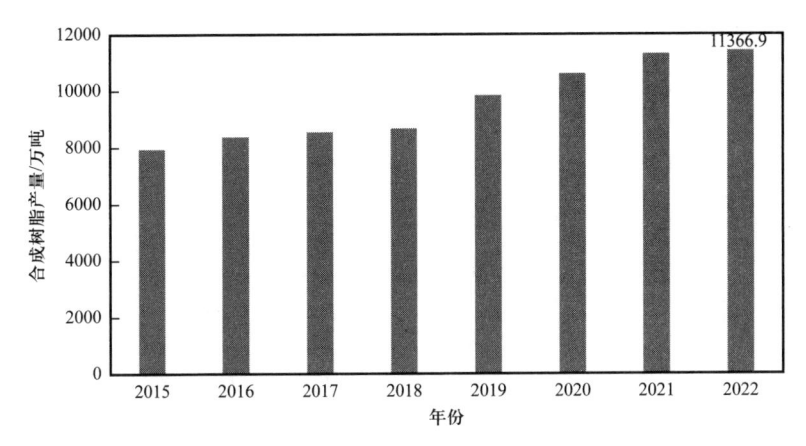

图 2-3　2015—2022 年中国合成树脂行业产量

由于我国合成树脂的产量还不能满足国内实际生产的需求，每年仍需大量进口。2015—2022 年，中国合成树脂进口总量在 3000 万吨/年上下波动（图 2-4）。2022 年，全国合成树脂进口 2958 万吨，下降 9.7%；出口 1244.5 万吨，增长 13.5%。

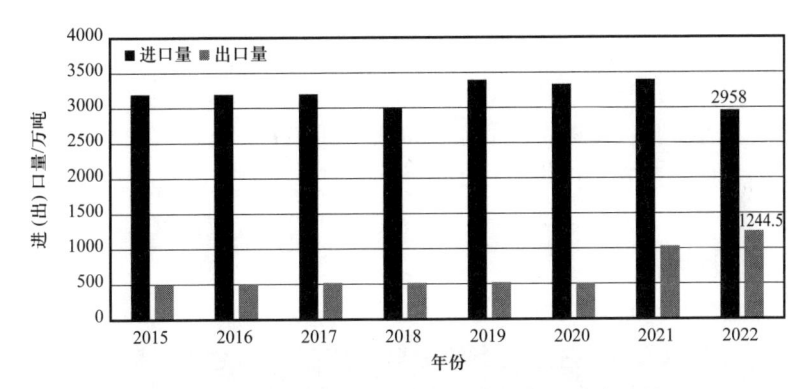

图 2-4　2015—2022 年中国合成树脂行业进出口量

需求方面，在连续多年保持较快发展之后，合成树脂产业进入下行通道。根据国内产量及进出口数据测算，2022 年我国合成树脂表观需求量为 13080.4 万吨，较上年下降 2.2%（图 2-5）。

（2）合成橡胶行业需求情况。

合成橡胶下游应用广泛，很大一部分服务于汽车产业，所以其需求受整体宏观经济影响较大，其消费增速与全球 GDP（国内生产总值）增速的走势也有较为明显的正相关性。轮胎作为汽车的主要部件，汽车产量与合成橡胶消费量大体呈现同步增长的情况。目前，我国轮胎主要分为半钢胎与全钢胎，在对天然橡胶进行研究时主要关注用于商用车上的全钢胎。而从轮胎需求对合成橡胶消费端的影响程度看，主要用于乘用车的半钢胎的影响更大，其所需要用到的合成橡胶量是全钢胎的2~3倍。虽然每家轮胎厂的配方有所不同，但假设每条半钢胎重约9kg，一辆车（4条轮胎）所需的合成橡胶总量大约为10kg。

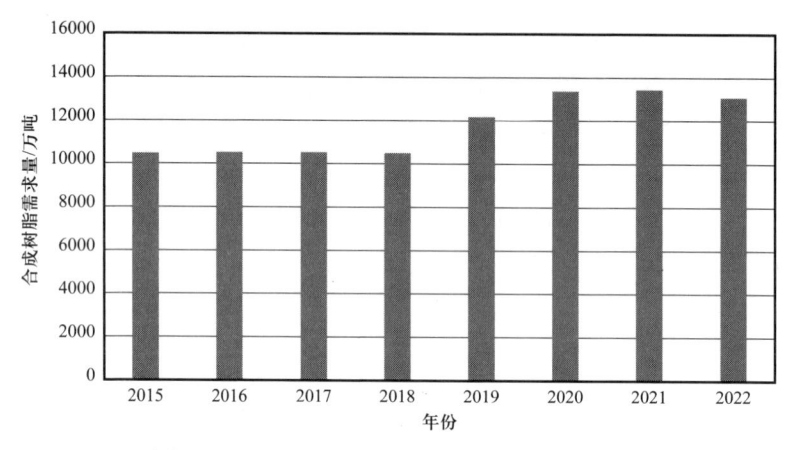

图2-5 2015—2022年中国合成树脂行业需求量

目前，我国合成橡胶工业通过原始自主创新、消化吸收创新和集成创新等手段，技术发展水平持续提高，产品生产规模不断扩大，已进入世界合成橡胶生产前列。我国合成橡胶在异戊橡胶、丁基橡胶、乙丙橡胶、氟硅橡胶等领域加大了开发力度，取得了一系列重大科研成果，丰富了我国合成橡胶品种牌号，大大提高了合成橡胶国内自给率。

（3）合成纤维行业需求情况。

合成纤维是以石油为主要原料经化学合成制得，主要包含涤纶、锦纶、腈纶、维纶、丙纶等，锦纶（又称尼龙）强力、耐磨性居合成纤维前列，具有织物轻、透气与弹性好等优点，被广泛用于高端服饰面料及工业等领域。

近年来，随着社会的发展和相关技术的提升，我国合成纤维制造行业生产技术水平不断提高，再加上合成纤维性能的优越性日益突出，使得行业不断发展壮大。目前，我国已经建立了比较完备的合成纤维产业链，合成纤维工业随着产品品种增加和规模扩大，正由数量型向质量品种效益型转变。合成纤维品种规模日趋完善，内部管理及标准化工作日益加强，产品质量稳步上升，并初步形成了以江苏、浙江、山东等地为主的合成纤维产业聚集地，市场规模逐步扩大（图2-6）。

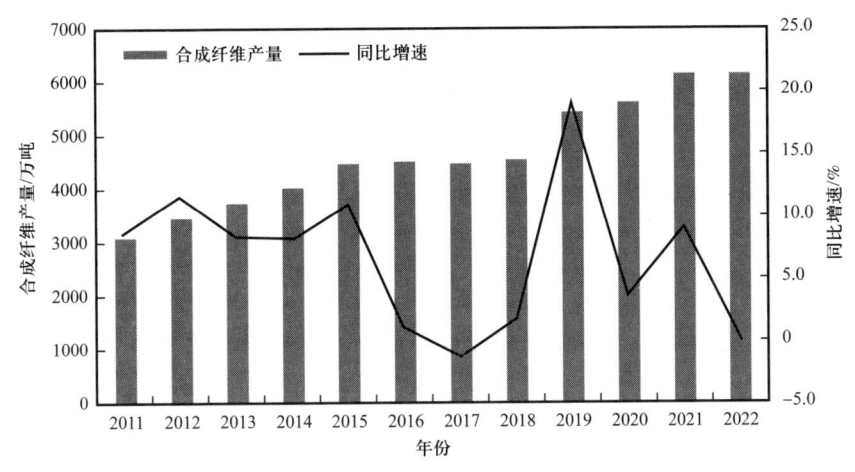

图 2-6　2011—2022 年我国合成纤维年产量及增速

合成纤维主要应用于服装制造业、纺织品等领域。近年来，伴随着我国经济的持续发展和居民生活水平的不断提高，对合成纤维的需求日渐强劲，从而为合成纤维行业的发展提供了充足空间。

3. 行业技术特征分析

石油和化工行业是技术密集、资本密集、人才密集型行业，具有投资规模大、回收周期长、工艺路线长、环保和安全要求高等特点，具体可以总结为"三强""三大""三高"。

"三强"：资源性强、垄断性强、周期性强。石油和化工行业的主要原料为煤、石油、天然气、矿产资源等，石油、天然气等资源属于国家垄断性资源，同时石化产品的供给与需求有周期性波动，在产量、收入、投资等方面呈现极强的周期性，化工行业有自身的景气周期。

"三大"：投资强度大、生产规模大、市场风险大。石化行业属于资金密集型产业，石化成套装置投资昂贵，生产规模大，动辄投资数百亿元，甚至上千亿元，石化工程建设周期较长，生产能力的形成具有间断性，投资回报期又比较长，同时大宗石化产品价格波动大，市场盈利不稳定。

"三高"：产业关联度高、技术工艺水平高、环保和安全要求高。石油化工产业链结构复杂，与汽车制造、建筑业、农业、国防、医药等行业联系紧密。化工生产经常在高温高压、易燃易爆、强腐蚀环境下进行，生产工艺技术复杂，运行条件苛刻，同时属于更高能耗行业，生产中涉及物料危险性大，易出现突发灾难性事故，对环保和安全要求高。

二、行业生命周期分析

行业生命周期是每个行业都要经历的一个由成长到衰退的演变过程，是指从行业出现到完全退出社会经济活动所经历的时间。一般分为初创期、成长期、成熟期和衰退期四个阶段，如图2-7所示。

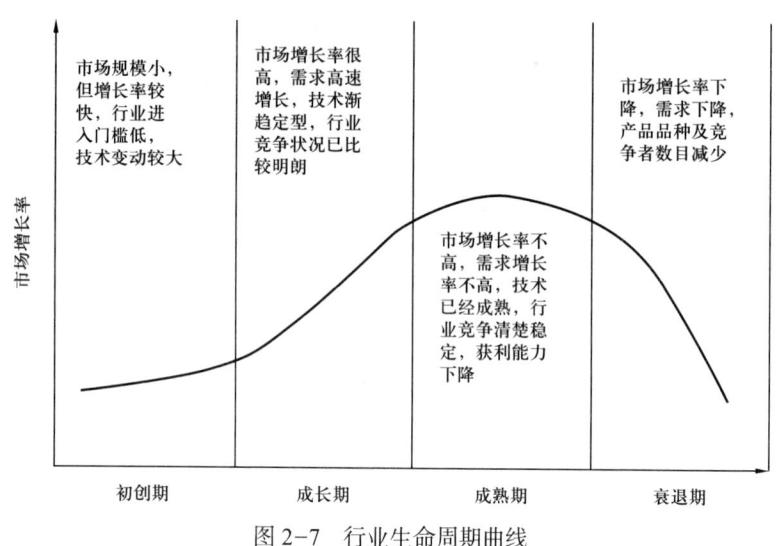

图 2-7　行业生命周期曲线

根据国家统计局数据，2022年中国石油化工行业规模以上企业数量达到25974家，较2021年增加1358家；总资产164032.7亿元，同比增长8.9%；销售收入169319.6亿元，同比增长14.82%；行业利润14167.9亿元，同比增长14.4%。中国石油石化行业投资规模在近几年呈现出波动增长趋势，根据国家统计局数据，2022年我国石油石化投资额达到26186.6亿元，创近年新高，同比增速为14.8%。其中，石化原料制造投资20854.3亿元，占投资总额的八成；石油天然气开采投资2801.5亿元，占比10.7%；石油煤炭及其他燃料加工业投资2530.8亿元，占比9.66%。由此可见，我国石油化工行业的市场增长率仍处于高位。石油化工产业作为我国经济发展的重要支柱产业，为我国的工业与国防等相关产业提供重要原材料。近年来国家出台了一系列鼓励政策，大力推动石油石化行业加快发展，具体情况见表2-1。

我国石油化工行业市场集中度高，"三桶油"（中国石油、中国石化、中国海油）具有规模优势。石油化工行业市场具有高准入门槛、高技术壁垒、高资金壁垒等特性，市场集中度较高，2022年石油石化板块营业收入达到1000亿元以上的企业一共有六家，前三家分别为中国石化、中国石油和中国海油。三家企业作为国内能源生产的排头兵，合计市场份额达到 83.34%。"三桶油"的规模优势和纵向一体化机构使其拥有强大的成本管控能力（图 2-8）。2022 年，在高油价下三家企业均提高资本开支，除开发勘探新板块外，还集体加速布局新能源，深入推进绿色低碳转型。

表 2-1 石油石化相关利好政策

文件	出台时间	发布单位	相关内容
《2022 年能源工作指导意见》	2022 年 3 月	国家能源局	加快油气先进开采技术开发应用，巩固增储上产良好势头，坚决完成 2022 年原有产量重回 2 亿吨、天然气产量持续稳步上产的既定目标
《中华人民共和国国民经济和社会发展第十四个五年规划和 2035 年远景目标纲要》	2021 年 3 月	国务院	有序放开油气勘探开发市场准入，加快深海、深层和非常规油气资源利用，推动油气增储上产
《产业结构调整指导目录（2019 年本）》	2019 年 10 月	国家发展改革委	将"常规石油、天然气勘探与开采"列入鼓励目录
《制造业设计能力提升专项行动计划（2019—2022 年）》	2019 年 10 月	工业和信息化部等十三部门	在船舶海工领域，重点突破智能船、邮轮等高技术船舶，深远海油气资源开发装备等海洋工程装备，以及核心配套系统及设备的关键技术

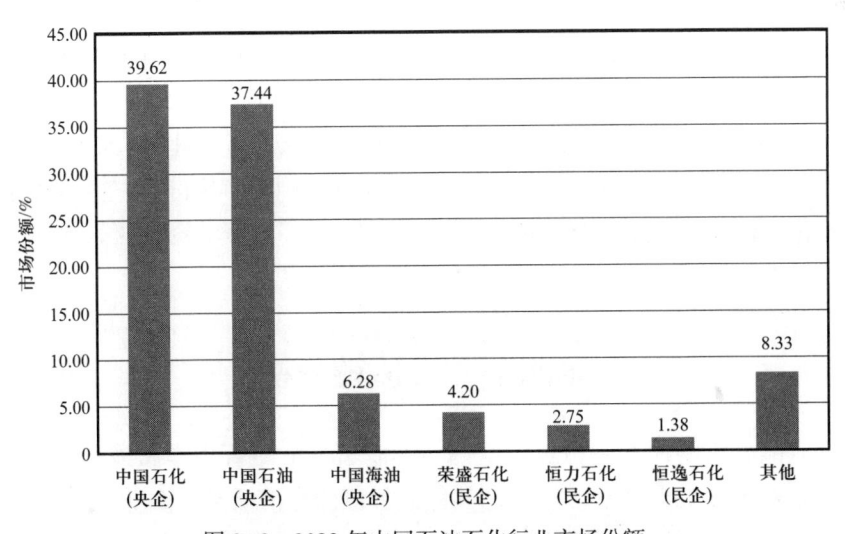

图 2-8 2022 年中国石油石化行业市场份额

中国石化（央企）39.62；中国石油（央企）37.44；中国海油（央企）6.28；荣盛石化（民企）4.20；恒力石化（民企）2.75；恒逸石化（民企）1.38；其他 8.33

综上，我国石油化工行业，因其独特的社会经济地位与资源垄断性特征，行业生命周期正处于成熟阶段，市场增长率趋于平稳增加，技术已经成熟，市场竞争关系明朗清晰。但机遇与风险始终是并存的，2020年9月22日，习近平主席在第七十五届联合国大会一般性辩论上指出，中国将提高国家自主贡献力度，采取更加有力的政策和措施，二氧化碳排放力争于2030年前达到峰值，努力争取2060年前实现碳中和。2020年12月16日至18日，习近平总书记在中央经济工作会议上发表重要讲话，首次将"碳达峰碳中和"列入重要任务。2021年1月11日，生态环境部办公厅印发《关于统筹和加强应对气候变化与生态环境保护相关工作的指导意见》（环综合〔2021〕4号），围绕落实二氧化碳排放达峰目标与碳中和愿景，统筹推进了应对气候变化与生态环境保护的相关工作。面对"碳达峰碳中和"的目标设定及其外部经济状况波动增强的环境，自2020年起，中国石油产品出口数量逐渐减少，到2022年，其总数达到了3442.8万吨，同比上年降低了14.65%。未来，中国的石油产品出口可能无法再次达到过去的持续上升状态，原因在于"双碳"目标、消费者需求变化以及炼油厂转变等多种要素的影响，预计国内石油产品的生产规模难以大幅度提升。

同时，随着国家对地方炼厂和民营炼化企业放开原油进口权和使用权，以及对外商独资企业放开成品油批发和零售的限制，我国石油化工行业已经基本处于完全竞争状态。在国家重点布局建设七大石化产业基地背景下，民营企业纷纷布局建设大型炼化企业，虽然有助于推进行业规模化、一体化、集约化发展，但无疑加剧了国内炼油能力过剩的局面。民营企业在丙烷脱氢、煤（甲醇）制烯烃等石化领域也已建成并规划了大量产能，同时在乙烷蒸汽裂解项目上也开展了产业布局并取得实质性进展。不仅是民营企业大举加入我国石油化工行业的竞争，外商独资企业也开始加入竞争行列，巴斯夫、埃克森美孚等石化巨头宣布在中国独资建设乙烯项目，目标是以低成本和高品质抢夺中国的市场份额。整体来看，我国石油化工行业的参与主体更加多元化，民营企业、外资独资企业等行业新进入者威胁很大。

第四节　价值链分析

价值链分析的原理是由美国哈佛商学院著名战略管理学家波特提出来的。他认为企业每项生产经营活动都是其创造价值的经济活动，企业所有的互不相同但又相互联系的生产经营活动，便构成了创造价值的一个动态过程，即价值链。

价值链反映出企业生产经营活动的历史、重点、战略以及实施战略的方法，还有生产经营活动本身所体现的经济学观念。更具体地说，如果企业所创造的价值超过其成本，企业便有盈利；如果盈利超过竞争对手，企业便有更多的竞争优势。

由图2-9可见，企业的生产经营活动可以分成主体活动和辅助活动两大类。主体活动指生产经营的实质性活动，一般可以分为原料供应、生产加工、成品储运、市场营销和售后服务五种活动。这些活动与商品实体的加工流转直接相关，是企业的基本增值活动。辅助活动指用以支持主体活动而且内部之间又相互支持的活动，包括企业投入的采购管理、技术开发、人力资源管理和企业基础设施。

图2-9 价值链示意图

企业要分析自己的内部条件，判断由此产生的竞争优势，首先要确定自己的价值活动，然后识别价值活动的类型，最后构成具有自身特色的价值链。

一、生产经营主体活动

石油化工产业的上游主要是油气开采；中游为天然气加工业、炼油行业以及化工行业；下游则为发电、家居、电子、医院、汽车、交通、服装、包装、家电、建筑、农业等与社会生产及人民生活相关的工农业（图2-10）。

D石化公司作为中国石油天然气股份有限公司的子公司之一，所经营的主要业务为整个石油行业产业链的中间环节，其主体经营活动可划分为炼油业务（图2-11）与化工业务（图2-12和图2-13）。

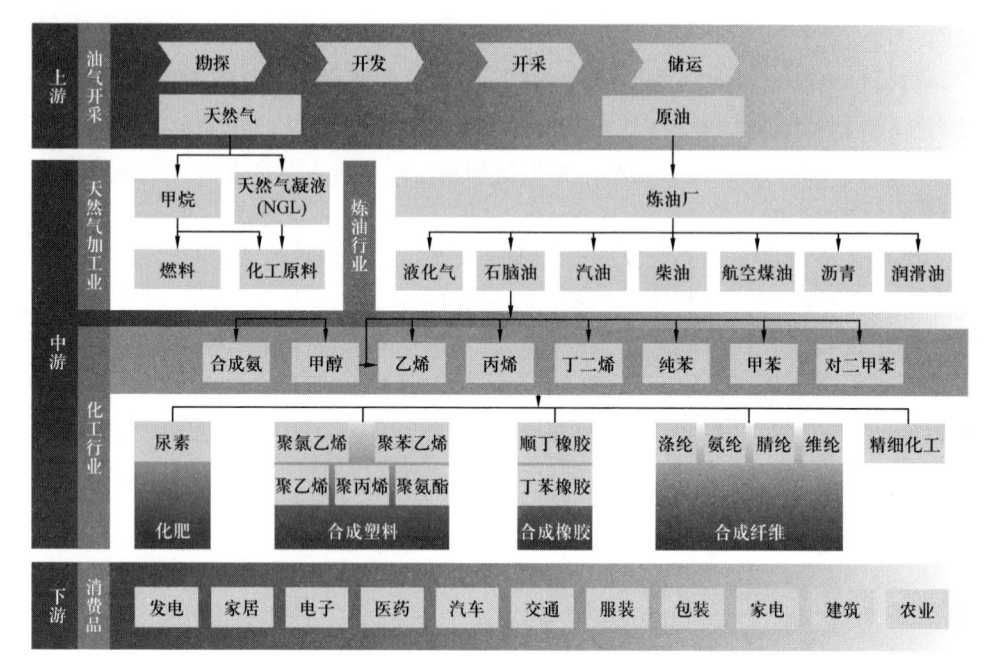

图 2-10　石油化工行业产业链

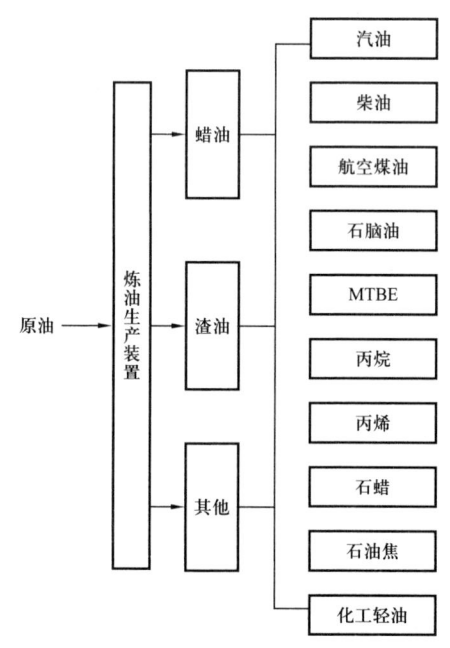

图 2-11　炼油业务原油加工线价值链示意图
MTBE—甲基叔丁基醚

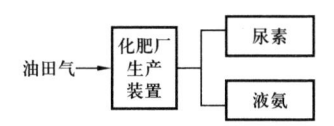

图 2-12 化工业务油田气加工线价值链示意图

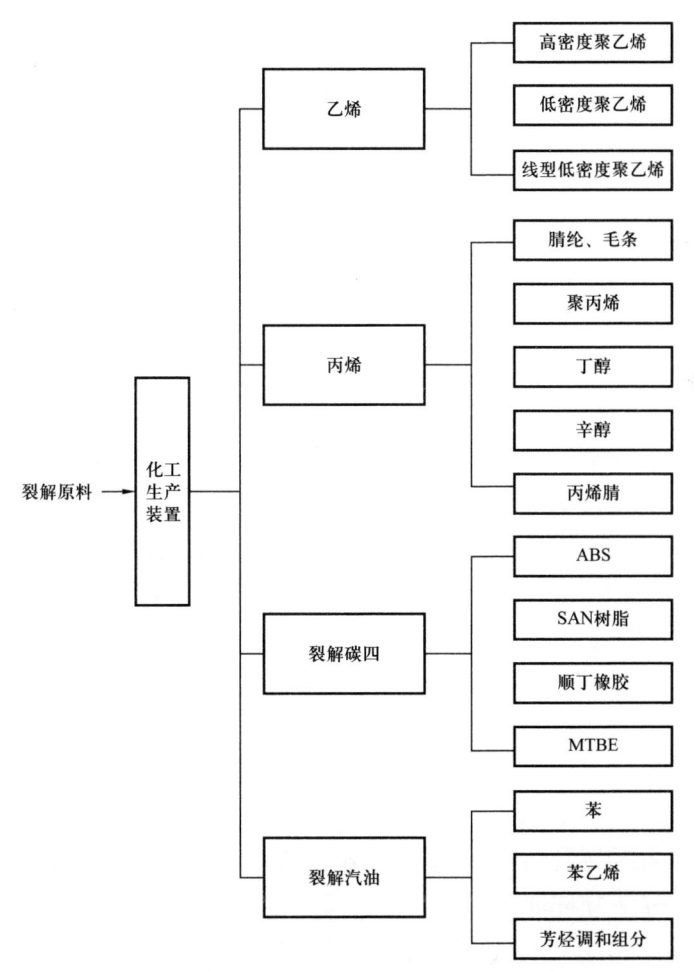

图 2-13 化工业务裂解原料加工线价值链示意图
聚乙烯，聚丙烯，ABS，苯乙烯

二、生产经营辅助活动

生产经营辅助活动按照企业价值链理论可以划分为以下四类活动：
（1）采购。采购是与购买用于生产企业价值链所指产品相关的活动，既包括企业生产原料的采购，也包括辅助性活动相关的购买行为，如研发设备的购买等；另外，也包含物料的管理作业。

（2）研究与开发。每项价值活动都包含着技术成分，无论是技术技巧和程序，还是在工艺设备中所体现出来的技术。

（3）人力资源管理。人力资源管理包括所有类型人员的招聘、雇佣、培训、开发和发放报酬等各种活动。人力资源管理不仅对基本活动和辅助性活动起到辅助作用，而且支撑着整条价值链。

（4）企业基础设施。企业基础设施支撑了企业的价值链，如会计制度和行政流程等。

D石化公司生产经营辅助活动的采购环节由物资采购部门负责，主要负责公司日常生产、项目建设及装置检维修物资的保供工作，负责公司55个大类4122个品种物资的采购、接运、验收、保管、发放及配送业务，年平均物资采购量近30亿元，是一个专业性较强，服务范围较广，集收、发、存、送为一体的生产服务保障部门。

研究与开发由公司规划和科技信息部主导，该部门引领公司科研发展，促进公司不断实现信息化转型，以数赋"能"，提升能源产业核心竞争力，构建新型能源体系，加快公司能源的数字化转型。规划和科技信息部负责组织编制公司中长期发展规划、投资建设计划，并对公司重大投资项目建设进行跟踪与后评价，负责公司项目的开发与管理、公司信息化建设与网络安全管理。

公司下设人力资源管理部门，负责公司党建管理，人力资源规划，领导班子建设，领导干部管理，人才队伍建设，专业技术职务资格和技师资格评审，员工培训管理，组织机构设置、职责划分、定员编制管理，员工招聘和优化配置管理，薪酬绩效管理，劳动关系管理，劳动纪律管理，保险管理，技能鉴定管理，人事统计和人事档案管理等业务，同时兼具机关党委和机关纪委职能。下设社会保险中心和技能人才评价中心。

企业基础设施由大量活动组成，包括总体管理、计划、财务、会计、法律、政治事务和质量管理等。它与其他辅助活动不同，它不是通过单个活动而是通过整个价值链起辅助作用。D石化公司机关机构包括企管法规部、计划经营部、财务部、质量健康安全环保部等部门。各部门通过相应的管理制度与工作流程，辅助企业价值链的价值创造活动。

第三章　石化公司会计分析

　　财务报表分析主要是对企业资产负债表、利润表及现金流量表进行分析，资产负债表、利润表及现金流量表所体现的数据信息能够比较全面地反映公司经营的具体情况，是一段时期企业经营业绩的数字化表型。

　　本章以 D 石化公司炼油部分、化工部分以及未上市部分的资产负债表、利润表以及现金流量表为分析案例，以炼油部分、化工部分以及未上市部分的五年报表数据为基础，总体呈现了 D 石化公司的经营状况并进行了简要的财务分析。

第一节　资产负债表分析

一、炼油部分

　　2018—2022 年，炼油部分的总资产总体保持增长趋势，五年间年复合增速为 1.68%，其中 2019—2020 年增速持续增加，到 2020 年达到顶峰（22.23%）。炼油部分在 2020 年大炼油装置建成并投产时，由成长期走向成熟期，2020 年的资产总额为 95.62 亿元，是 2018 年的 1.03 倍。2021 年开始，增速大幅下降，仅 1.08%，到 2022 年出现负增长（-18.41%）。

　　2022 年负债总额 42.27 亿元，五年间年复合增速为 2.69%，比总资产年复合增速高 1.01 个百分点，资产负债率由 2018 年的 51.46% 上升到 53.55%，但总体负债水平不高（图 3-1）。

二、化工部分

　　2018—2022 年，化工部分的总资产先下降后上涨，从 2019 年的 99 亿元逐年增加至 2022 年的 120 亿元。2019—2021 年，总资产的逐年增长主要依赖于所有者权益的增加，带动总资产上涨；从 2021 年至 2022 年总资产增加 17 亿元，主要源于负债增加 25 亿元，所有者权益下降 8 亿元（图 3-2）。

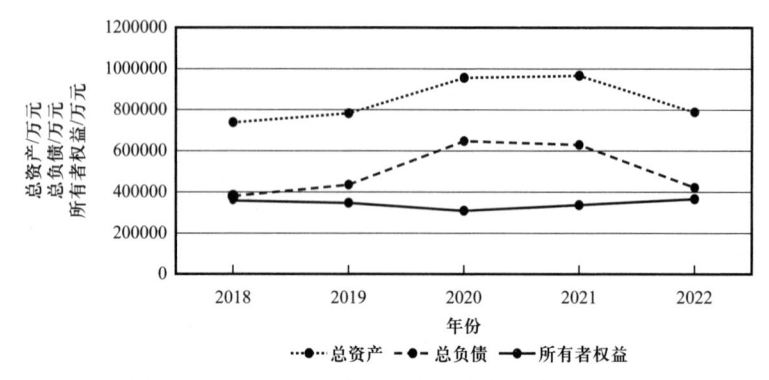

图 3-1　2018—2022 年炼油部分资产负债表结构图

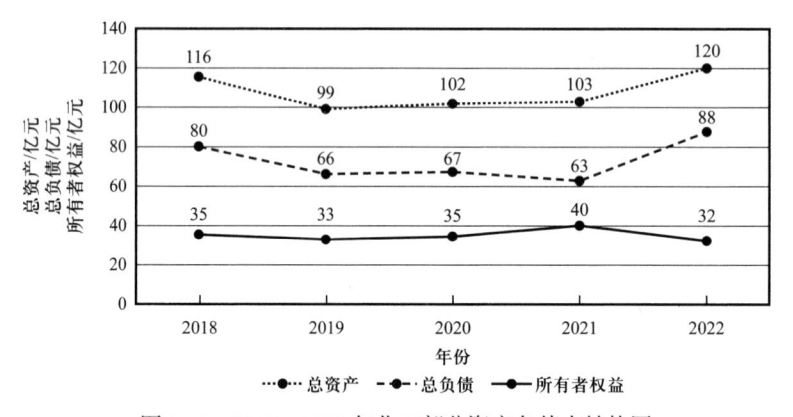

图 3-2　2018—2022 年化工部分资产负债表结构图

三、未上市部分

2018—2022 年，未上市部分总资产总体平稳在 52 亿元左右；因"三供一业"（企业的供水、供电、供热和物业管理）及医院等公共设施移交，负债逐年上升，2019—2021 年平均涨幅达 11%，随着移交改造工作的结束，2022 年负债涨幅降至 6%；所有者权益均为负，且逐年减少。资金情况堪忧，长期靠举债维持运营，盈利能力差，资产负债率持续大于 100%，严重资不抵债（图 3-3）。

1. 子公司 a

子公司 a 资产和负债几乎呈等比例增长，所有者权益也有一定比例的增长，公司发展趋势较为稳定。但 2018—2022 年，子公司 a 的内部借款呈明显上升趋势，并且占整个营运资金的比重很高，说明公司资金实力弱，偿债能力较差（图 3-4）。

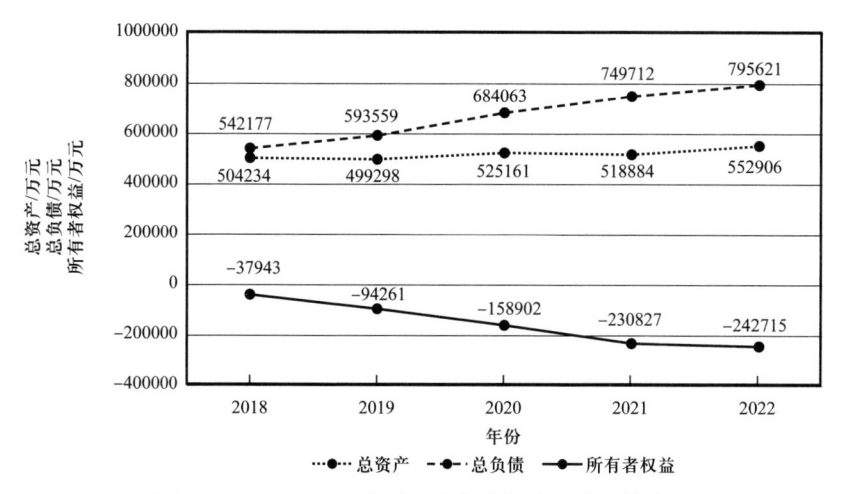

图 3-3　2018—2022 年未上市部分资产负债表结构图

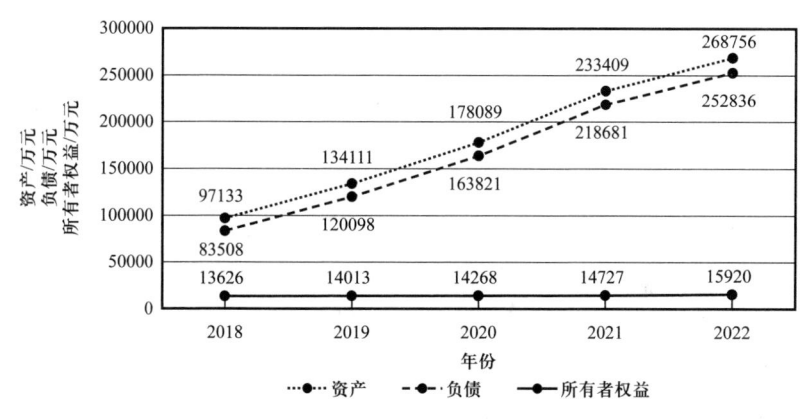

图 3-4　2018—2022 年子公司 a 资产负债表结构图

2. 子公司 b

子公司 b 资产和负债几乎呈等比例增长,且所有者权益也有一定比例的增长,尤其 2021 年和 2022 年因外部市场盈利能力提升,涨幅较大。2019—2022 年,资产负债率逐年降低,企业发展趋势不断向好(图 3-5)。

3. 子公司 c

子公司 c 资产、负债、所有者权益由于公司重组、偿还应付内部单位款等原因 2018—2022 年呈现明显减少趋势,资产负债率由 57.1% 下降到 35.2%,财务结构日趋稳健,经营风险降低(图 3-6)。

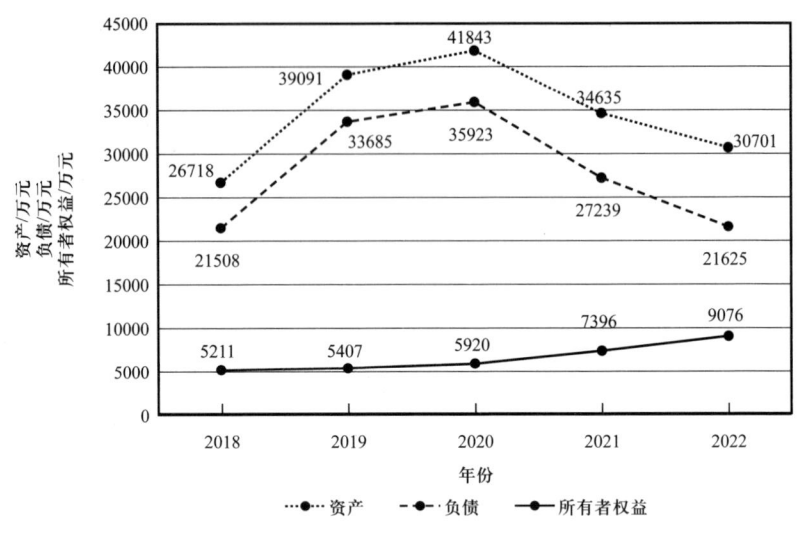

图 3-5　2018—2022 年子公司 b 资产负债表结构图

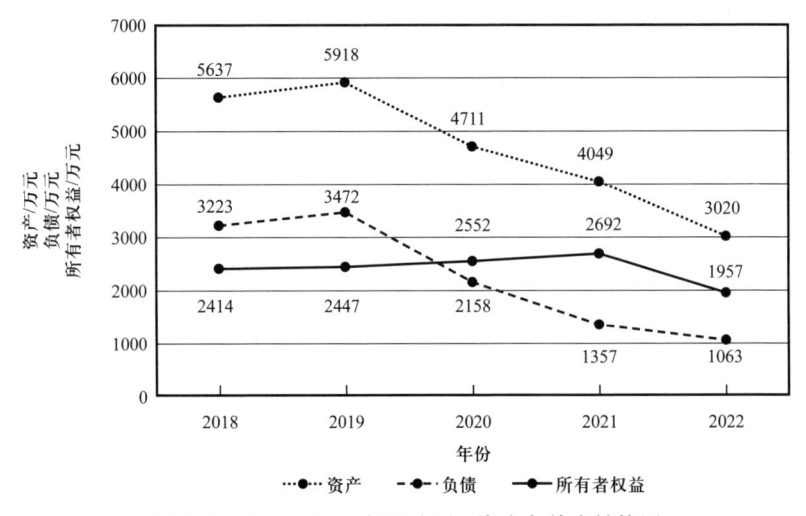

图 3-6　2018—2022 年子公司 c 资产负债表结构图

4. 子公司 d

子公司 d 资产规模较小，2018—2022 年平均资产净值为 7.08 亿元，资产负债率始终在较低水平，且负债总额逐年下降，具备较强的偿债能力，2018—2022 年股东权益总体呈小幅上升趋势（图 3-7）。

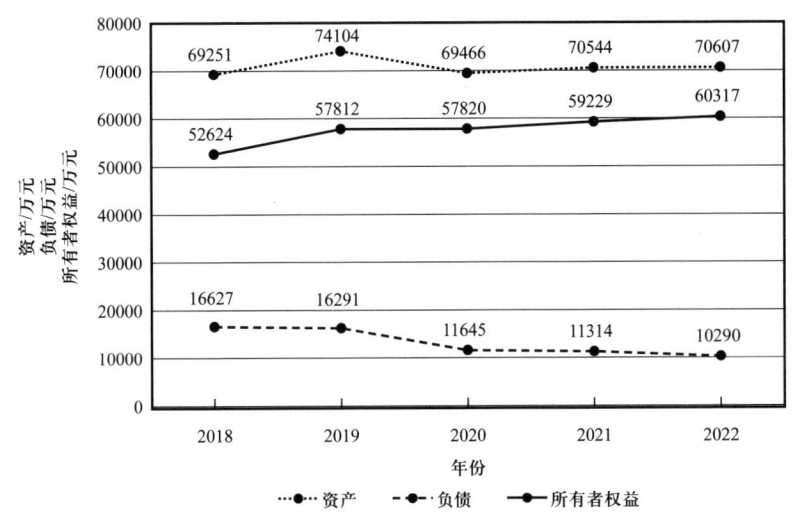

图 3-7　2018—2022 年子公司 d 资产负债表结构图

第二节　利润表分析

一、炼油部分

如图 3-8 所示，2018—2022 年利润先降后升，2020 年利润处于最低点，当年盈利水平显著下降，主要是投资建设炼油结构调整转型升级项目，投入大，到当年 10 月才投产，投资收益主要体现在下一年度。

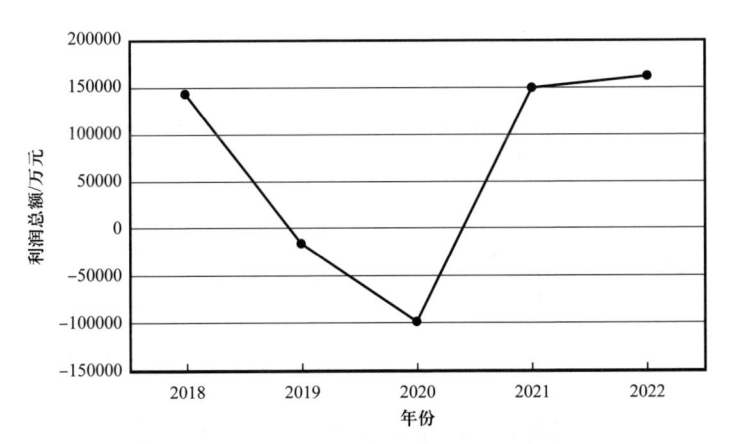

图 3-8　2018—2022 年炼油部分利润总额

二、化工部分

2018—2021年化工部分利润总额逐年上升，由2018年亏损9.52亿元涨至2021年盈利28.15亿元。2022年受市场影响，化工部分效益大幅下滑，亏损15.75亿元，同比减少43.9亿元。受国际局势等综合因素影响，化工原料价格上涨，化工产品需求疲软，盈利能力减弱（图3-9）。

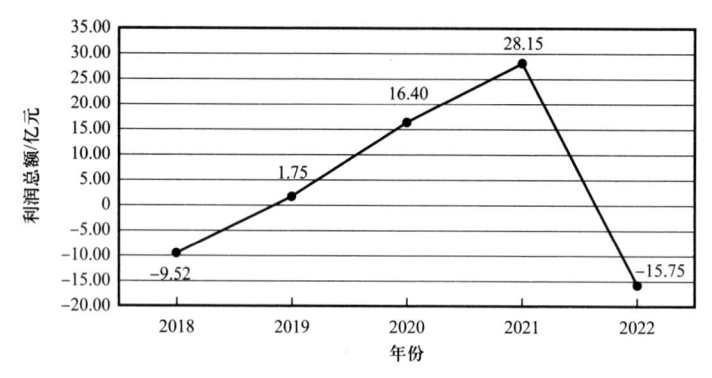

图3-9　2018—2022年化工部分利润总额

三、未上市部分

1. 子公司a

从2018—2022年的利润情况（表3-1）来看，子公司a净利润逐年增加，且销售净利率增幅较大。

表3-1　2018—2022年子公司a利润情况

年份	2018	2019	2020	2021	2022
营业收入/万元	117604	100618	116562	128896	81884
营业成本/万元	113592	97125	113473	124536	77774
利润总额/万元	117	128	165	735	829

2. 子公司b

从2018—2022年的利润情况（表3-2）来看，子公司b净利润逐年增加，且销售净利率增幅较大。

表 3-2　2018—2022 年子公司 b 利润情况

年份	2018	2019	2020	2021	2022
营业收入/万元	24669	29403	30619	30225	32023
营业成本/万元	21968	26912	28359	25587	27664
利润总额/万元	81	273	464	1442	1711

3. 子公司 c

从 2018—2022 年的利润情况（表 3-3）来看，子公司 c 的营业收入、营业成本 2018—2020 年呈现减少趋势，2020—2022 年呈现增加趋势，2020 年走低，是因公司分立，计量检定、安全仪器检测业务被合并到子公司 b 核算。利润总额 2018—2022 年呈现逐年增加趋势，经营状况越来越好。

表 3-3　2018—2022 年子公司 c 利润情况

年份	2018	2019	2020	2021	2022
营业收入/万元	4160	3749	2677	4364	5950
营业成本/万元	3088	2749	1858	3506	4803
利润总额/万元	50	106	129	160	268

4. 子公司 d

2018—2022 年，子公司 d 平均利润总额 1698 万元，其中 2018 年因装置检修，当年亏损，其余年度盈利。除子公司 d 2018 年度装置检修、2020 年度受新冠疫情影响，产品销售收入分别实现 16.9 亿元、17.63 亿元外，其余年度营业收入均超过 20 亿元（表 3-4）。不考虑 2018 年检修影响，产品销售利润呈逐年小幅减少趋势。

表 3-4　2018—2022 年子公司 d 利润情况

年份	2018	2019	2020	2021	2022
营业收入/万元	169017	215589	176304	207343	263561
营业成本/万元	159028	198214	162070	193650	252343
利润总额/万元	-262	4532	1344	1362	1516

第三节 现金流量表分析

一、上市部分

由表 3-5 可见，2018—2022 年 D 石化公司经营活动现金流入量大于流出量，投资活动现金流入量小于流出量，筹资活动现金流入量小于流出量，说明企业经营状况良好，主要依靠经营活动的现金流入运营，同时具有一定的投资和偿债能力。尤其是 2018—2021 年，企业现金流持续积累，十分充足，持续投资的同时还偿还了部分历史债务。但 2022 年经营活动产生的现金流量明显减少，需要依靠举债来完成投资，提示企业需要加强对资金状况的管控和关注。

表 3-5　2018—2022 年上市部分现金流量情况

年份	2018	2019	2020	2021	2022
经营活动产生的现金流量净额/万元	187539	235808	338522	646526	15494
投资活动产生的现金流量净额/万元	-115506	-190760	-91431	-115532	-110327
筹资活动产生的现金流量净额/万元	-72181	-44719	-249058	-531348	95172
现金及现金等价物净增加额/万元	-148	329	-1967	-354	339

二、未上市部分

1. 子公司 a

由表 3-6 可见，2018 年经营活动现金流入量小于流出量，投资活动现金流入量小于流出量，说明子公司 a 的经营活动和投资活动均不能产生足够的现金流入，财务状况堪忧。2019—2021 年，财务状况有所好转，经营活动现金净流量在满足投资后仍有所结余，但 2022 年经营活动现金流入量小于流出量，投资活动现金流入量大于流出量，主要依靠收回投资或处置长期资产所得维持运营，财务状况已陷入困境。

2. 子公司 b

由表 3-7 可见，2018—2020 年经营活动现金流入量大于流出量，投资活动现金流入量小于流出量，说明子公司 b 主要依靠经营活动的现金流入运营，投资规模适度，财务状况较稳定。2021 年，财务状况一度陷入困境，依靠收回投资或处置长期资产所得解决了财务危机。2022 年，经营活动现金流入量大于流出量，投资活动现金流入量大于流出量，筹资活动现金流入量小于流出量，说明经营活动和投资活动产生的现金净流入偿还了大量债务，财务状况较好。

表 3-6　2018—2022 年子公司 a 现金流量情况

年份	2018	2019	2020	2021	2022
经营活动产生的现金流量净额 / 万元	−1540	4046	3515	31956	−3914
投资活动产生的现金流量净额 / 万元	−619	−604	−512	−31956	4791
筹资活动产生的现金流量净额 / 万元	0	0	0	0	0
现金及现金等价物净增加额 / 万元	−2159	3442	3003	0	877

表 3-7　2018—2022 年子公司 b 现金流量情况

年份	2018	2019	2020	2021	2022
经营活动产生的现金流量净额 / 万元	842	7557	1367	−750	3769
投资活动产生的现金流量净额 / 万元	−253	−839	−492	750	5331
筹资活动产生的现金流量净额 / 万元	0	0	0	0	−9100
现金及现金等价物净增加额 / 万元	589	6718	875	0	0

3. 子公司 c

由表 3-8 可见，2018—2019 年经营活动现金流入量大于流出量，投资活动现金流入量小于流出量，说明子公司 c 主要依靠经营活动的现金流入运营，投资规模适度，财务状况较稳定。2020—2022 年由于子公司 c 整合，资产大量调拨及报废，投资活动现金流入量大于流出量，子公司 c 利用近几年经营活动和投资活动积累的现金净流入偿还了大量债务，财务状况比较稳健。

表 3-8　2018—2022 年子公司 c 现金流量情况

年份	2018	2019	2020	2021	2022
经营活动产生的现金流量净额 / 万元	200	655	195	−322	557
投资活动产生的现金流量净额 / 万元	−86	−42	424	322	443
筹资活动产生的现金流量净额 / 万元	0	0	−1000	0	−1000
现金及现金等价物净增加额 / 万元	114	613	−381	0	0

4. 子公司 d

由表 3-9 可见，2018 年经营活动现金流入量大于流出量，投资活动现金流入量小于流出量，筹资活动现金流入量小于流出量，说明子公司 d 主经营活动现金净流入不足以应对巨额投资以及到期债务，财务状况一度陷入危机。2019—2021 年，子公司 d 现金流趋于稳定，积累了大量资金，2022 年受新冠疫情管控影响，产品运输困难；同时下游用户开工率下降，产品销售收入放缓，库存增加，经营活动的现金净流量为负。投资活动、筹资活动现金流入量小于流出量，也属正常范围，财务状况比较稳健。

表 3-9　2018—2022 年子公司 d 现金流量情况

年份	2018	2019	2020	2021	2022
经营活动产生的现金流量净额 / 万元	1496	11936	6394	6316	-1520
投资活动产生的现金流量净额 / 万元	-4184	-7472	-4340	-1893	-830
筹资活动产生的现金流量净额 / 万元	-2398	0	-2074	-596	-596
现金及现金等价物净增加额 / 万元	-5084	4464	-21	3827	-2947

第四章 石化公司财务分析

基本财务分析可以归纳为偿债能力分析、营运能力分析和盈利能力分析三个方面。其中，偿债能力是财务目标实现的稳健保证，营运能力是财务目标实现的物质基础，盈利能力是最基本的财务目标。偿债能力分析、营运能力分析和盈利能力分析相辅相成，共同构成了传统财务报表分析的基本内容。

本章通过加工计算 D 石化公司资产负债表、利润表和现金流量表的财务数据，运用相应的财务指标具体分析了 D 石化公司炼油部分、化工部分和未上市部分的偿债能力、营运能力和盈利能力。

第一节 公司偿债能力分析

一、炼油部分

偿债能力简单来说就是企业能否用现有资产来偿还其债务的能力，即是否资可抵债，若资不抵债，则企业就会面临破产的风险，因而偿债能力是企业健康生存的关键。

1. 短期偿债能力

短期偿债能力衡量的是企业现有的流动资产能否足额偿还流动负债。对于短期偿债能力的分析从营运资本和流动比率两方面进行。

1）营运资本

营运资本指流动资产减去流动负债后的差额，也称净营运资本，表示企业的流动资产在偿还全部流动负债后的剩余。其计算公式为：

$$营运资本 = 流动资产 - 流动负债$$

2018 年营运资本 =35.45-37.71=-2.26（亿元）

2019 年营运资本 =20.99-31.71=-10.72（亿元）

2020 年营运资本 =26.24-52.91=-26.67（亿元）

2021 年营运资本 =28.26-50.52=-22.26（亿元）

2022 年营运资本 =15.94-29.91=-13.97（亿元）

2018—2022 年，炼油部分的流动资产均低于流动负债，说明炼油部分短期偿债能力较弱（表 4-1 和图 4-1）。该指标越高，表示可用于偿还流动负债的资金越充足，企业的短期偿债能力越强，企业所面临的短期流动性风险越小，债权人安全程度越高。2020 年，因投资建设炼油结构调整转型升级项目，流动负债达到最高点，影响该年营运资本最低，2022 年市场进入后疫情缓慢复苏阶段，炼油部分营运资本较上两年明显增加。

表 4-1 2018—2022 年炼油部分营运资本情况

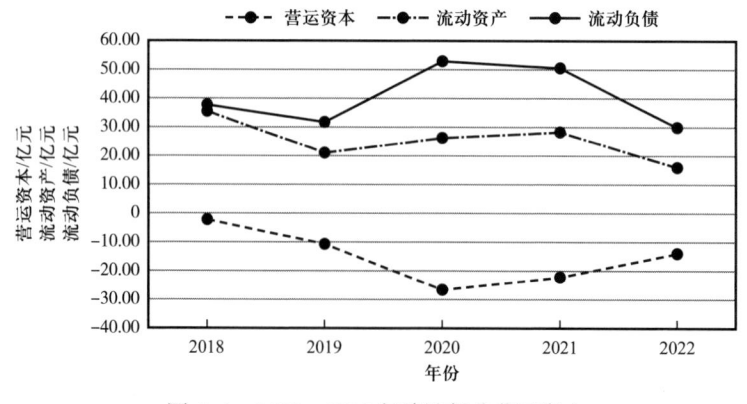

年份	2018	2019	2020	2021	2022
营运资本 / 亿元	−2.26	−10.71	−26.67	−22.26	−13.97
流动资产 / 亿元	35.45	20.99	26.24	28.26	15.94
流动负债 / 亿元	37.71	31.71	52.91	50.52	29.91

图 4-1 2018—2022 年炼油部分营运资本

2）流动比率

流动比率是流动资产与流动负债的比率。它是衡量企业流动资产性的大小，判明企业短期债务偿还能力最通用的比率。计算公式如下：

流动比率 = 流动资产 ÷ 流动负债

2018 年流动比率 =35.45÷37.71=0.94

2019 年流动比率 =20.99÷31.71=0.66

2020 年流动比率 =26.24÷52.91=0.50

2021 年流动比率 =28.26÷50.52=0.56

2022 年流动比率 =15.94÷29.91=0.53

炼油部分流动比率 2018 年时高达 0.94，从 2019 年开始大幅降低，到 2022 年为 0.53（表 4-2）。一般认为流动比率越高越好，因为这表明企业有充分的流动资产来偿还流动负债，也说明短期偿债状况可观，企业的财务风险较小，流动比率的一般标准为 2。从图 4-1 可以看出，炼油部分 2018—2022 年的流动比率呈不断下降趋势，这说明炼油部分的短期偿债能力不断下降。根据炼油部分的资产负债表可知，其存货在流动资产中占据较大比重，尤其是 2022 年存货占流动资产的 86%，使得企业短期偿债能力大幅降低。

表 4-2　2018—2022 年炼油部分流动比率情况

年份	2018	2019	2020	2021	2022
流动资产 / 亿元	35.45	20.99	26.24	28.26	15.94
流动负债 / 亿元	37.71	31.71	52.91	50.52	29.91
流动比率	0.94	0.66	0.50	0.56	0.53

2. 长期偿债能力

长期偿债能力是企业偿还一年以上债务的能力，对于长期偿债能力的分析，主要是从资产负债率和已获利息倍数角度进行。

1）资产负债率

资产负债率是总负债与总资产的比值。其计算公式如下：

资产负债率 = 总负债÷总资产 ×100%

2021 年资产负债率 =62.95÷96.66×100%=65%

2022 年资产负债率 =42.23÷78.86×100%=54%

一般来说，企业的资产负债率维持在 40%～60% 是比较良好的。从表 4-3 可以看出，炼油部分的资产负债率在五年中有三年保持在 50% 左右，处于比较可观的偿债范围内，尤其是 2020—2021 年年均指标在 60% 以上，说明这两年有效利用了财务杠杆的放大作用，为企业创造更大利润。

表 4-3　2018—2022 年炼油部分资产负债率情况

年份	2018	2019	2020	2021	2022
总资产 / 亿元	73.79	78.23	95.62	96.66	78.86
总负债 / 亿元	37.98	43.54	64.72	62.95	42.23
资产负债率 /%	51	56	68	65	54

2）已获利息倍数

已获利息倍数指上市公司息税前利润相对于所需支付债务利息的倍数，可用来分析公司在一定盈利水平下支付债务利息的能力。其计算公式为：

已获利息倍数 = 息税前利润总额 ÷ 利息支出

息税前利润总额 = 净利润 + 利息费用 + 所得税费用

2021 年已获利息倍数 =（14.77+0.54）÷0.54=28.35

2022 年已获利息倍数 =（16.01+0.51）÷0.51=32.39

利息支出不仅包括财务费用中的利息费用，还包括计入固定资产成本的资本化利息。一般情况下，已获利息倍数越高，企业长期偿债能力越强。只要已获利息倍数足够大，企业就有充足的能力支付利息，反之相反。炼油部分的已获利息倍数受利润影响波动较大，2020 年因炼油部分投资建设炼油结构调整转型升级项目，利息支出略高于其他年份。2022 年炼油部分已获利息保障倍数为 32.39，说明该部分具有很强的利息偿债能力（表 4-4）。

表 4-4　2018—2022 年炼油部分已获利息倍数情况

年份	2018	2019	2020	2021	2022
利润总额 / 亿元	14.16	-1.65	-9.93	14.77	16.01
利息支出 / 亿元	0.48	0.61	0.78	0.54	0.51
息税前利润 / 亿元	14.63	-1.04	-9.15	15.31	16.52
已获利息倍数	30.50	-1.70	-11.73	28.35	32.39

二、化工部分

1. 短期偿债能力

1）营运资本

营运资本是用于计算企业短期偿债能力的绝对指标。企业能否偿还短期债务，要看有多少债务，以及有多少可以变现偿债的流动资产等。其计算公式为：

营运资本 = 流动资产 − 流动负债

2018 年营运资本 =17.1−73.8=−56.7（亿元）

2019 年营运资本 =−1.5−53.8=−55.3（亿元）

2020 年营运资本 =−12.9−31.7=−44.6（亿元）

2021 年营运资本 =18.8−49.3=−30.5（亿元）

2022 年营运资本 =39.1−73.9=−34.8（亿元）

2018—2022 年，化工部分的流动资产均低于流动负债，表明化工部分短期偿债能力较弱（表 4-5 和图 4-2）。该指标越高，表示可用于偿还流动负债的资金越充足，企业的短期偿债能力越强，企业所面临的短期流动性风险越小，债权人安全程度越高。2021 年，化工市场效益较好，流动资产为正，营运资本也随之增加。

对营运资本指标进行分析，可以静态地评价企业当期的短期偿债能力状况，也可以动态地评价企业不同时期短期偿债能力的变动情况。但由于营运资本是绝对数，不便于不同时期的比较，因此可以通过营运资本配置率来比较。

营运资本配置率 = 营运资本 ÷ 流动资产

2021 年营运资本配置率 =−30.4÷18.8=−1.62

2022 年营运资本配置率 =−34.8÷39.1=−0.89

营运资本配置率越高，营运资本在流动资产中的占比越高，表明企业短期偿债能力越强，D 石化公司 2022 年营运资本配置率高于上期，表明其短期偿债能力有所上升。

表 4-5　2018—2022 年化工部分营运资本情况

年份	2018	2019	2020	2021	2022
营运资本/亿元	-56.7	-55.3	-44.6	-30.5	-34.8
流动资产/亿元	17.1	-1.5	-12.9	18.8	39.1
流动负债/亿元	73.8	53.8	31.7	49.3	73.9

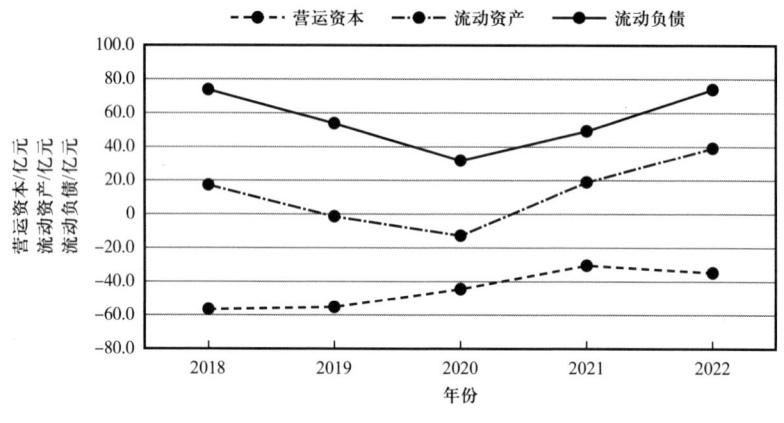

图 4-2　2018—2022 年化工部分营运资本

2）流动比率

流动比率指流动资产与流动负债的比率，表示每一元的流动负债有多少流动资产作为偿还保证。其计算公式为：

流动比率 = 流动资产 ÷ 流动负债

2021 年流动比率 =18.8÷49.3=0.38

2022 年流动比率 =39.1÷73.9=0.53

化工部分 2022 年流动比率高于 2021 年。2022 年 1 元流动负债有 0.53 元的流动资产作为偿还保证，比 2021 年的 0.38 元多 0.15 元。主要因为 2021 年效益较好，留至 2021 年的自由现金流较多，流动负债增加 24.6 亿元，上涨 49.9%，流动资产增加 20.3 亿元，上涨 108%，流动资产上涨幅度大于流动负债上涨幅度，偿债能力增强（表 4-6）。一般认为，从债权人的立场上说，流动比率越高越好，表示企业的偿付力越强，企业所面临的短期流动性风险越小，债权越有保障，借出的资金越安全。但从经营者和所有者角度看，并不一定要求流动比率越高越好，在偿债能力允许的范围内，根据经营需要，进行负债经营也是现代企业经营的策略之一。

表 4-6　2018—2022 年化工部分流动比率情况

年份	2018	2019	2020	2021	2022
流动资产/亿元	17.1	−1.5	−12.9	18.8	39.1
流动负债/亿元	73.8	53.8	31.7	49.3	73.9
流动比率	0.23	−0.03	−0.41	0.38	0.53

3）现金比率

现金比率指货币资金对流动负债的比率。在速动资产中，流动性最强、可直接用于偿债的资产是货币资金，与其他速动资产不同的是，货币资金可以直接偿债，而其他速动资产需要等待不确定的时间，才能转化为不确定的货币资金。现金比率的计算公式为：

$$现金比率 = 货币资金 \div 流动负债$$

2021 年现金比率 =0.016÷49.3=0.0003

2022 年现金比率 =0.050÷73.9=0.0007

现金比率表明每一元的流动负债中有多少现金作为偿债保障，石化公司 2022 年的现金比率比上年提高了 0.0004，说明化工部分为每一元带动流动负债提供的现金保障增加了 0.06 元（表 4-7）。现金比率可以准确地反映企业的直接偿付能力，当企业面临支付工资日或大宗进货日等需要大量现金的时间时，这一指标更能显示出其重要作用。

表 4-7　2018—2022 年化工部分现金比率情况

年份	2018	2019	2020	2021	2022
货币资金/亿元	0.215	0.248	0.052	0.016	0.050
流动负债/亿元	73.8	53.8	55.6	49.3	73.9
现金比率	0.0029	0.0046	0.0009	0.0003	0.0007

在评价企业短期偿债能力时，不仅要关注上述财务指标，还要结合企业实际情况，比如所属行业、企业可动用的信用额度、非流动资产的变现能力、特殊合

同约定以及与担保有关的或有负债等，综合对企业的短期偿债能力进行评价，才能得出相对合理的判断。

2. 长期偿债能力

1）资产负债率

资产负债率是综合反映企业偿债能力的重要指标，它通过负债与资产的对比，反映在企业的总资产中有多少是通过举债获得的。其计算公式为：

资产负债率 = 总负债 ÷ 总资产 × 100%

2021 年资产负债率 = 63 ÷ 103 × 100% = 61%

2022 年资产负债率 = 88 ÷ 120 × 100% = 73%

由于资产负债率反映资产中负债的比例，因此该指标越低，偿债越有保障，同时也说明举债能力越高，通过计算化工部分本期资产负债率高于上期资产负债率，化工部分的长期偿债能力是下降的（表 4-8）。任何企业都必须根据自身的实际情况确定一个适度的标准，当企业债务负担持续增长并超过这一适度标准时，企业应注意加以调整，不能只顾获取杠杆利益而不考虑可能面临的财务风险。

表 4-8　2018—2022 年化工部分长期偿债能力情况

年份	2018	2019	2020	2021	2022
总资产/亿元	116	99	102	103	120
总负债/亿元	80	66	67	63	88
资产负债率/%	69	67	66	61	73

2）已获利息倍数

已获利息倍数指息税前利润与利息费用的倍数，它是衡量企业长期偿债能力的指标。已获利息倍数越大，说明企业支付利息费用的能力越强。因此，债权人要分析已获利息倍数指标，以此来衡量债务资本的安全程度。其计算公式为：

已获利息倍数 = 息税前利润 ÷ 利息费用

息税前利润 = 净利润 + 利息费用 + 所得税费用

已获利息倍数计算公式中分子用的是息税前利润，而不用净利润，是因为企业的正常利息费用可以在税前抵扣。已获利息倍数计算公式中分母的利息费用不仅包括利润表中的费用化利息，也包括资产负债表中的资本化利息，即本期全部应付的利息。

2021 年已获利息倍数 =（8.45+1.53）÷1.53=6.52

2022 年已获利息倍数 =（-4.72+1.49）÷1.49=-2.17

长期债务通常不需要每期还本，但是需要每期偿还利息，已获利息倍数表明每一元利息费用有多少倍的息税前利润予以保障。已获利息倍数越大，利息支付越有保障。如果已获利息倍数不大于 1，则表明企业当期的息税前利润连当期利息都保障不了，也就是不足以支撑现有的债务规模。而石化公司的本期已获利息倍数下降了 133%，需要引起管理层的关注。

在分析企业长期债务偿还能力时，除要考虑上述财务报表内的数据因素外，还应结合企业自身情况考虑，诸如债务担保、未决诉讼等表外因素。这些事项一旦出现不利情况，将严重制约企业的偿债能力。信息使用者在附注中可以了解这些表外信息，从而更加全面地判断企业的整体偿债能力。

三、未上市部分

1. 子公司 a

1）短期偿债能力

子公司 a 的营运资本从 2018 年的 8956.68 万元逐年增加到 2022 年的 11995.30 万元，增加了 3038.62 万元，随着营运资本的增加，公司偿债风险有所降低（表 4-9）。

表 4-9　2018—2022 年子公司 a 短期偿债能力情况

年份	2018	2019	2020	2021	2022
营运资本 / 万元	8956.68	9044.56	9470.28	10233.31	11995.30
流动比率	1.12	1.07	1.06	1.05	1.05
速动比率	0.67	0.61	1.06	1.05	1.05
现金比率	0.2	0.17	0.14	0.25	0.2
经营现金净流量 / 万元	-1540	4046	3515	31956	-3914
现金流动负债比率	—	0.03	0.02	0.14	—

从 2020 年起子公司 a 期末无库存，流动比率等于速动比率，流动比率大于 1，短期偿债能力有可靠保证。

子公司 a 的现金比率接近 0.2，现金比率在一个较为合理的范围内，说明流动资金得到了较为合理的运用。

现金流动负债比率明显偏低，有的年份甚至小于 0，说明经营活动的净现金流量并不足以支付期末的流动负债，也就是说，对于流动负债的偿还，并不能完全依靠经营活动产生的现金流量，还需要部分依靠子公司 a 自有资金的周转，这对于公司经营会造成不利的影响，而且还会增加短期资金风险，并对公司的长期发展也有一些负面影响。

综上，子公司 a 短期偿债能力有可靠的保证，现金比率配置合理，但应加快应收账款回款，尽量不赊销，减少短期借款，以提高经营活动净现金流量对流动负债的保障程度。

2）长期偿债能力

2018—2022 年，资产负债率逐年增加，呈上升趋势，2022 年达到 94.08%，远高于建筑行业的平均资产负债率 80%，子公司 a 负债资产的保障程度较弱（表 4-10）。2018—2022 年，产权比率呈较为明显的上升趋势，负债资本的保障程度较弱，长期偿债能力较弱，子公司 a 基本财务结构的稳定性较差。权益乘数和产权比率同比例增长。权益乘数一般在 2~3 之间，但 2022 年的权益乘数达 16.88，权益乘数大，说明负债较多，财务风险较大。现金流动负债比率也同样显示出经营活动净现金流量对负债的保障程度很低，说明子公司 a 通过自身经营偿还债务的能力较差。

资产负债率越高，权益乘数就越大，产权比率也就越高，同时现金流动负债比率还较低，说明子公司 a 的长期偿债能力较弱。

表 4-10　2018—2022 年子公司 a 长期偿债能力情况

年份	2018	2019	2020	2021	2022
资产负债率 /%	85.7	89.55	91.99	93.69	94.08
产权比率	5.99	8.57	11.48	14.85	15.88
权益乘数	6.99	9.57	12.48	15.85	16.88
现金流动负债比率 /%	-1.84	3.37	2.15	14.61	-1.55

2. 子公司 b

1）短期偿债能力

2018—2020 年，随着效益的提高，流动资产（主要是货币资金和存货）稳步提升，营运资本逐步提高。2021年由于结算某石化公司项目降低了预收账款1.06亿元，2022年偿还母公司借款9100万元，流动负债大幅下降，营运资本大幅提升。及时结算可以冲减预收账款，偿还借款可以降低流动负债，从而使营运资本持续提高。

2019—2021年，由于效益改善，流动资产（包括货币资金）的提高使流动比率、速动比率持续提高，2022年偿还母公司借款使货币资金降幅超过流动负债降幅，因此现金比率低于2021年。流动比率低于1.5，速动比率低于1，说明虽然短期偿债能力持续改善，但是距离标准目标还有差距（表4-11）。现金比率偏高，现金流动负债比率偏低，说明经营活动净现金流量并不足以支付当前的流动负债，需要部分依靠子公司b自有资金偿还，这无疑降低了资金使用效率，增加了资金机会成本。

表4-11 2018—2022年子公司b短期偿债能力情况

年份	2018	2019	2020	2021	2022
营运资本/万元	563.27	590.94	789.14	3228.01	5160.55
流动比率	1.03	1.02	1.02	1.12	1.25
速动比率	0.49	0.54	0.53	0.66	0.72
现金比率	0.25	0.36	0.36	0.49	0.37
经营现金净流量/万元	842	7557	1367	−750	3769
现金流动负债比率	0.04	0.22	0.04	—	0.18

综上所述，子公司b由于效益不断改善，流动资产（主要是存货、货币资金）持续提升。子公司b运用资金的能力不断加强，偿还了更多的应付账款及借款。同时，通过及时结算有效降低了预收账款。子公司b 5年内营运资本持续提升，各项短期偿债能力稳步提高，但是由于装备制造企业普遍存在库存过高、结算滞后的弊端，子公司b的流动比率、速动比率以及现金比率与标准水平仍有差距，需要继续提升改善。

2）长期偿债能力

2019年，由于支付民营企业款等因素，子公司b增加了向母公司借款1.2亿元，导致资产负债率升高。2020—2022年，由于利润增加及偿还母公司借款，资产负债率下降至70.44%（表4-12）。说明通过持续经营的改善，以及积极筹措资金偿还借款，使子公司b的资产负债率下降。

2019年由于增加向母公司的借款，产权比率增高至6.06，2020—2022年由于利润增加及偿还母公司借款，逐步下降到 2.38，说明子公司 b 长期偿债能力有所改善。由于 2017 年以前的累计亏损额巨大，虽然近年持续盈利，但子公司 b 净资产仅有 9000 万元，距离稳健的产权比率 1.2 还有较大差距。

权益乘数反映财务杠杆的高低。2019 年，由于增加借款，使资产增加、负债增加，权益乘数上升到 7.06。随后由于归还母公司借款与持续盈利，子公司 b 负债逐步减少，净资产逐步增加，权益乘数在 2022 年降低到 3.38，但是距离稳健权益乘数的 2~3 还有一定差距。现金流动负债比率也显示出经营活动净现金流量对负债的保障程度较低，说明子公司 b 通过自身经营偿还债务的能力较弱。

表 4-12　2018—2022 年子公司 b 长期偿债能力情况

年份	2018	2019	2020	2021	2022
资产负债率 /%	80.16	85.84	85.85	78.65	70.44
产权比率	4.04	6.06	6.07	3.68	2.38
权益乘数	5.04	7.06	7.07	4.68	3.38
现金流动负债比率 /%	3.91	22.43	3.81	—	17.43

综上所述，子公司 b 由于在 2019 年增加了向母公司的借款，资产负债率、产权比率及权益乘数等反映企业长期偿债能力的指标均有所下降。之后由于持续盈利、积极筹措资金偿还借款，使子公司 b 负债不断下降，净资产不断提升。截至 2022 年，子公司 b 上述指标有了持续改善，说明盈利及减少负债是提高长期偿债能力的重要手段。虽然子公司 b 近年长期偿债能力持续改善，但是由于以前年度累计亏损导致子公司 b 净资产过低，产权比率及权益乘数的指标距离良性标准还有差距。

3. 子公司 c

1）短期偿债能力

营运资本可以用来衡量公司或企业的短期偿债能力，其金额越大，代表该公司或企业对于支付义务的准备越充足，短期偿债能力越好。当营运资本出现负数，也就是一家企业的流动资产小于流动负债时，这家企业的营运可能随时因周转不灵而中断。

2018—2022 年，子公司 c 营运资本呈现持续增加态势，五年间增长了 12 倍，说明子公司 c 运营、短期偿债能力持续增强（表 4-13）。

表 4-13　2018—2022 年子公司 c 短期偿债能力情况

年份	2018	2019	2020	2021	2022
营运资本 / 万元	105	410	1218	864	1225
流动比率	1.03	1.12	1.56	1.64	2.44
现金比率	0.95	1.06	1.52	1.61	2.19
经营现金净流量 / 万元	200	655	195	−322	557
现金流动负债比率	0.06	0.19	0.09	—	0.65

流动比率越高，说明企业资产的变现能力越强，短期偿债能力亦越强；反之则弱。一般认为流动比率应在 2 以上。2018—2022 年，子公司 c 流动比率呈持续增长态势，五年间增长到 2.4 倍，说明子公司 c 短期偿债能力持续增强，流动比率较理想。

现金比率能够反映企业即时付现能力，一般认为 0.2 以上为好，如现金比率过高，就意味着企业流动资产未能得到合理运用，而现金类资产获利能力低，这类资产金额太高会导致企业机会成本增加。2018—2022 年，子公司 c 现金比率呈持续增长态势，五年间增长到 2.3 倍，说明子公司 c 直接偿付流动负债的能力持续增强，但现金比率过高，提示流动资产未能得到合理运用，而使现金类资产获利能力低。

现金流动负债比率稳步上升，至 2022 年已达到 0.65，说明子公司 c 经营状况较健康，短期偿债能较强。

2）长期偿债能力

2018—2022 年，子公司 c 资产负债率呈持续下降态势，2022 年达到 35.2%，说明资产负债率日趋稳健，清算时保护债权人利益的能力提高（表 4-14）。

表 4-14　2018—2022 年子公司 c 长期偿债能力情况

年份	2018	2019	2020	2021	2022
资产负债率 /%	57.10	58.65	45.81	33.51	35.20
产权比率	1.33	1.42	0.85	0.5	0.54
长期资本负债率 /%	0	0	0	0	11
现金流动负债比率 /%	6.21	18.87	9.04	—	52.4

产权比率用来表明由债权人提供的和由投资者提供的资金来源的相对关系，反映企业基本财务结构是否稳定。2018—2022 年，子公司 c 产权比率呈持续下降态势，2022 年达到 0.54，说明财务结构日趋稳健，保护债权人利益的程度得到提高。

权益乘数越大，代表公司向外融资的财务杠杆倍数也越大，公司将承担较大的风险。2018—2022 年，子公司 c 权益乘数呈持续下降态势，2022 年达到 1.54，说明子公司 c 向外融资的财务杠杆倍数也越来越小，公司将承担的风险不断降低。

长期资本负债率越低，现金流动负债比率越高，企业的长期偿债能力越强，债权人的安全性也就越高。2018—2022 年，子公司 c 只有 2022 年用非流动负债融资，长期资本负债率较小，为 11%，说明公司将承担较小的风险，债权人的安全性较高。

4. 子公司 d

1）短期偿债能力

2018—2022 年，子公司 d 营运资本逐年增加，平均为 2.26 亿元，对比公司平均 7 亿元的资产规模和年均 20 亿元的营业收入，可自由支配的资金相对充裕。

流动比率、速动比率和现金比率各年指标均大于 1，表明资产结构中流动资产比例较高，资产变现能力较强，相对而言资金充裕，子公司 d 偿付债务的能力强（表 4-15）。

表 4-15　2018—2022 年子公司 d 短期偿债能力情况

年份	2018	2019	2020	2021	2022
营运资本 / 亿元	1.34	1.83	2.30	2.70	3.13
流动比率	2.10	2.58	4.68	5.28	6.62
速动比率	1.53	2.01	3.70	4.23	4.34
现金比率	1.45	1.92	3.53	4.09	4.10
经营现金净流量 / 亿元	0.15	1.19	0.64	0.63	-0.15
现金流动负债比率	0.13	1.03	1.02	1.00	—

2018—2022 年，子公司 d 平均流动资产占资产比重为 44%，其中货币资产占流动资产 71%，在现有的经营情况下，企业正常生产经营所需货币资金充足，可以足额支付负债。

2）长期偿债能力

子公司 d 资产负债率较低，2018—2022 年资产负债率维持在 20% 左右且逐年下降，表明公司负债的偿付能力较强；权益乘数、长期资本负债率两项指标较低，表明资产结构中股东权益比重大，公司负债比重低，偿付债务压力小（表 4-16）。

表 4-16 2018—2022 年子公司 d 长期偿债能力情况

年份	2018	2019	2020	2021	2022
资产负债率 /%	24.31	21.98	16.76	16.04	14.57
产权比率（权益乘数）	1.32	1.28	1.20	1.19	1.17
长期资本负债率 /%	8.21	7.54	8.56	7.79	7.26
现金流动负债比率 /%	9	73.27	54.91	55.82	—

子公司 d 长、短期的债务违约风险小，各项偿债指标健康。

第二节 公司营运能力分析

营运能力相关财务比率是衡量公司资产管理效率的财务比率，即企业运用各项资产以赚取利润的能力。比较常用的有应收账款周转率、存货周转率、流动资产周转率、营运资本周转率、非流动资产周转率和总资产周转率等，这些比率揭示了企业资金运营周转的情况，反映了企业对经济资源管理、运用的效率高低。企业资金周转越快，流动性越高，企业的管理能力越强，资产获取利润的速度就越快。

一、炼油部分

营运能力主要用来分析企业资产管理的水平，一般针对营运能力分析常用的指标是总资产收入率、总资产周转率等。

1. 总资产收入率

总资产收入率指占用每百元资产所取得的收入额。

$$总资产收入率 = 总收入 \div 平均总资产 \times 100\%$$

$$总资产收入率 = \frac{总收入}{平均总资产} \times 100\%$$

$$= \frac{总产值}{平均总资产} \times \frac{总收入}{总产值} \times 100\%$$

$$= 总资产产值率 \times 产品销售率 \times 100\%$$

2021 年总资产收入率 = 385.34 ÷ 96.14 × 100% = 401%

2022 年总资产收入率 = 483.08 ÷ 87.76 × 100% = 550%

从表 4-17 和图 4-3 看出,2018—2022 年炼油部分总资产收入率在 2020 年达到最低点（241%）,到 2022 年达到最高（550%）,说明每百元资产取得的收入额为 5.5 倍。

表 4-17　2018—2022 年炼油部分收入情况

年份	2018	2019	2020	2021	2022
总收入 / 亿元	279.00	287.15	209.11	385.34	483.08
平均总资产 / 亿元	68.49	77.47	86.93	96.14	87.76
总资产收入率 /%	407	371	241	401	550

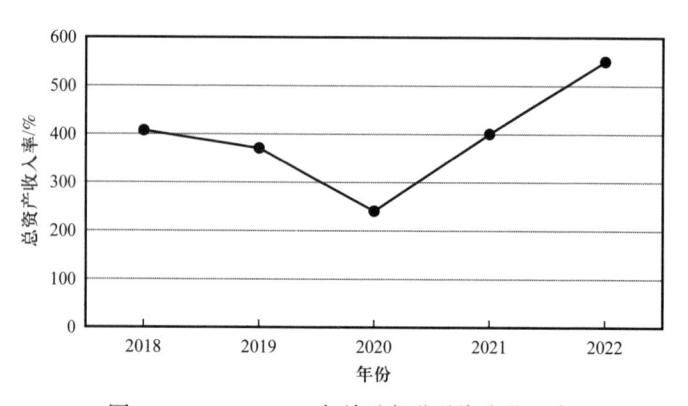

图 4-3　2018—2022 年炼油部分总资产收入率

2. 总资产周转率

总资产收入率是从资产周转角度出发，亦称总资产周转率（次数），尽管计算方法相同，但总资产周转率是从资产流动性方面反映总资产的利用效率。它是综合评价企业全部资产经营质量和利用效率的重要指标，通常用总资产周转次数和周转天数表示。

$$总资产周转次数 = 销售收入 \div 平均总资产$$

$$总资产周转天数 = 360 \div 总资产周转次数$$

$$总资产周转率 = \frac{销售收入}{平均流动资产} \times \frac{平均流动资产}{平均总资产}$$

$$= 流动资产周转率 \times 流动资产占总资产的比重$$

2018—2022年，炼油部分总资产周转次数呈现先降再升的趋势。2022年周转次数最高，达到5.50次（表4-18）。

表 4-18 2018—2022 年炼油部分资产情况

年份	2018	2019	2020	2021	2022
总收入/亿元	279.00	287.15	209.11	385.34	483.08
平均总资产/亿元	68.49	77.47	86.93	96.14	87.76
总资产周转次数	4.07	3.71	2.41	4.01	5.50

3. 存货周转率

反映存货周转率的指标一般有两个，即存货周转次数和存货周转天数。

$$存货周转次数 = 销货成本 \div 平均存货成本$$

$$存货周转天数 = 360 \div 存货周转次数$$

2021 年存货周转次数 = 297.98 ÷ 10.64 = 28.01

2022 年存货周转次数 = 396.17 ÷ 12.61 = 31.42

D石化公司炼油部分2018—2022年存货周转次数大幅上升，表明公司变现能力逐步增强（表4-19）。

表 4-19 2018—2022 年炼油部分存货情况

年份	2018	2019	2020	2021	2022
销货成本 / 亿元	205.52	225.06	163.26	297.98	396.17
平均存货成本 / 亿元	114.89	122.70	10.45	10.64	12.61
存货周转次数	1.79	1.83	15.62	28.01	31.42

4. 固定资产使用效益分析

一般采用固定资产利润率指标来反映固定资产的使用效益。固定资产利润率计算公式如下：

$$固定资产利润率 = 利润总额 \div 固定资产平均净值 \times 100\%$$

自 2020 年炼油部分投资建设炼油结构调整转型升级项目后，固定资产平均净值逐年增加，2022 年经营较好，息税前利润为 16.01 亿元，与之相应的固定资产利润率以有所提高（表 4-20）。

表 4-20 2018—2022 年炼油部分固定资产情况

年份	2018	2019	2020	2021	2022
利润总额 / 亿元	14.16	−1.65	−9.93	14.77	16.01
固定资产平均净值 / 亿元	37.29	25.33	42.83	59.41	55.80
固定资产利润率 /%	38	−7	−23	25	29

5. 装置生产能力

炼化企业是以石油为原料，采用物理分离和（或）化学反应的方法得到各种石油燃料、润滑油、石油蜡、石油沥青、石油焦等石油产品和石油化工原料的企业。原油加工量及原油加工负荷率可以直观地反映出企业基本生产能力。

2018 年 D 石化公司原油加工能力为 650 万吨 / 年，2020 年 10 月炼油结构调整转型升级项目建成并投产，增加了一套 350 万吨 / 年常减压蒸馏装置，并且加工油种也从原来的单一加工大庆原油扩展为一套常减压蒸馏加工大庆原油，二套常减压蒸馏加工俄罗斯原油，进一步拓展了企业发展能力。因此，从表 4-21 可以看出，2021 年开始原油加工量指标大幅攀升，但是受行业运行情况影响，千万吨级私人炼油厂不断新建，对大型国有炼化企业形成冲击，原油加工负荷率不及之前。但是随着分子炼油概念的不断推进及发展，国有炼化企业加工份额竞争激烈，炼油厂需要逐渐从生产型炼厂向材料型炼厂转变。

表 4-21　2018—2022 年炼油部分原油加工明细表

年份	2018	2019	2020	2021	2022
原油加工量 / 万吨	540.06	604.02	605.56	807.97	791.95
一次原油加工能力 /（万吨 / 年）	650	650	1000	1000	1000
原油加工负荷率 /%	83.09	92.93	93.16	80.80	79.19

炼油部分主要有 650 万吨 / 年常减压蒸馏装置和 350 万吨 / 年常减压蒸馏装置，140 万吨 / 年重油催化裂化装置和 200 万吨 / 年催化裂化装置，120 万吨 / 年连续重整装置，120 万吨 / 年加氢裂化装置，120 万吨 / 年柴油加氢精制装置和 130 万吨 / 年柴油加氢脱硫装置，120 万吨 / 年延迟焦化装置，28 万吨 / 年气体分馏装置和 60 万吨 / 年气体分馏装置，9 万吨 / 年 MTBE 装置及 22 万吨 / 年烷基化装置。另有一套石蜡系统，主要有 32.25 万吨 / 年糠醛重油装置、两套 24.8 万吨 / 年酮苯轻重油装置、15 万吨 / 年蜡脱油装置及两套石蜡成型装置。

二、化工部分

1. 总资产收入率

总资产收入率 = 总收入 ÷ 平均总资产 ×100%

2021 年总资产收入率 =266÷103×100%=259%

2022 年总资产收入率 =248÷112×100%=222%

2022 年每 100 元资产取得的收入额比 2021 年少 37 元 / 吨，一方面是平均资产总额增加 9 亿元，另一方面是营业收入减少 18 亿元，两方面均导致总资产收入率下降（表 4-22）。

表 4-22　2018—2022 年化工部分收入情况

年份	2018	2019	2020	2021	2022
营业收入 / 亿元	208	221	194	266	248
平均总资产 / 亿元	116	107	101	103	112
总资产收入率 /%	179	206	192	259	222

2. 总资产周转率

总资产周转率 = 流动资产周转率 × 流动资产占总资产的比重

2021 年总资产周转率 =1778%×15%=267%

2022 年总资产周转率 =855%×26%=222%

2018—2022 年，2021 年该指标最高，表明 2021 年企业流动资产周转速度最快，利用最好，流动资产投入扩大，增强了企业的获利能力。2021 年总资产周转率下降 37%，企业的获利能力降低（表 4-23）。

表 4-23　2018—2022 年化工部分总资产周转率情况

年份	2018	2019	2020	2021	2022
平均总资产 / 亿元	116	107	101	103	112
营业收入 / 亿元	208	221	194	266	248
总资产周转次数	1.8	2.1	1.9	2.6	2.2
总资产周转天数	201	175	186	139	162
总资产周转率 /%	179	206	192	267	222
平均流动资产 / 亿元	9	8	5	15	29
流动资产周转率 /%	2393	2834	4076	1778	855
流动资产占总资产的比重 /%	7	7	5	15	26

3. 存货周转率

存货周转率是一定时期内企业营业收入与存货的比率，是反映企业销售能力和流动资产流动性的一个指标，也是衡量企业生产经营各个环节中存货运营效率的一个综合性指标。存货周转率也有三种表示方法，即存货在一定时期内（通常为 1 年）的周转次数、存货的周转天数和存货与收入比。

存货周转次数 = 营业收入 ÷ 存货

存货周转天数 =365÷（营业收入 ÷ 存货）

存货与收入比 = 存货 ÷ 营业收入 ×100%

2022 年存货周转次数 =248÷11=23 次

2022 年存货周转天数 =365÷23=16 天

2022 年存货与收入比 =11÷248×100%=4.4%

化工部分的存货周转次数为 23 次，即 1 年可以周转 23 次，平均周转一次需要 16 天，存货占全年收入比例为 4.4%（表 4-24）。在存货平均水平一定的条件下，存货周转率越高越好。存货周转率越高，表明企业的销货成本数额增多，产品销售的数量增长，企业的销售能力加强；反之，则销售能力不强。企业要扩大产品销售数量，增强销售能力，就必须在原材料购进、生产过程中的投入、产品的销售、现金的回收等方面做好协调和衔接。因此，存货周转率不仅可以反映企业的销售能力，而且能衡量企业生产经营中的各方面运营和管理存货的工作水平。

表 4-24　2018—2022 年化工部分存货情况

年份	2018	2019	2020	2021	2022
营业收入 / 亿元	208	221	194	266	248
存货 / 亿元	11	10	9	10	11
存货周转次数	18	23	22	25	23
存货周转天数	20	16	16	14	16
存货与收入比 /%	5.5	4.4	4.5	3.9	4.4

企业存货也并不是越少越好，存货过多会占用企业资源，存货过少则可能造成供应不足，不同企业在特定的内外部条件下往往存在一个最佳存货水平，所以企业也不能在缺乏外部支撑的条件下一味追求"零库存"。此外，还必须关注企业存货的结构。产成品、半成品、在产品、原材料共同构成了存货，正常情况下这一比例关系大体保持不变，如果产成品比例突然大幅提高，排除生产问题，则很可能是销售不畅所导致。信息使用者应关注附注中的存货结构，并与同期对比分析。

4. 固定资产使用效益分析

化工部分固定资产利润率指标主要由利润总额情况决定，利润总额越高，固定资产的使用效益越高。2021 年利润总额最高，固定资产利润率最高，固定资产的使用效益最高（表 4-25）。

表 4-25 2018—2022 年化工部分固定资产情况

年份	2018	2019	2020	2021	2022
利润总额/亿元	-9.52	1.75	16.40	28.15	-15.75
平均固定资产净值/亿元	117	109	102	96	89
固定资产利润率/%	-8	2	16	29	-18

5. 装置生产能力

D 石化公司化工装置乙烯生产能力 120 万吨/年，合成氨 45 万吨/年，尿素 76 万吨/年，聚乙烯 111 万吨/年，聚丙烯 10 万吨/年，丙烯腈 8 万吨/年，丁辛醇 20 万吨/年，苯乙烯 19 万吨/年，ABS 10.5 万吨/年，顺丁橡胶 16 万吨/年，腈纶丝 6.5 万吨/年。2012 年，科技部"863 计划"重点攻关项目 120 万吨/年乙烯改扩建工程建成投产，宣告我国首个国产化大型乙烯成套技术工业化获得成功，彻底改变了半个多世纪以来乙烯技术依赖进口的被动局面，极大地提升了中国石油化工行业在国际炼化领域的话语权。2014 年，乙烯产量首次超过 100 万吨。2019 年，乙烯产量实现 120 万吨达产。近几年，因新建乙烯装置都为百万吨以上规模，装置规模在行业内已无明显优势。

三、未上市部分

1. 子公司 a

1）2018—2022 年不断波动的指标

应收账款周转率从 2018 年的 3.14 次升高到 2021 年的 5.55 次，2022 年又降到 3.5 次；营运资本周转率 2021 年升高至 13.08 次，2022 年又降到 7.37 次；非流动资产周转率从 2018 年的 23.06 次升高到 2021 年的 27.74 次，2022 年又降到 19.45 次（表 4-26）。以上指标的起伏变化主要随着子公司 a 营业收入的变化而变化。

2）持续下降的指标

流动资产周转率从 1.41 次降到 0.33 次；总资产周转率从 1.21 次降到 0.3 次。以上几个指标下降主要是因为子公司 a 在营业收入降低的情况下，流动资产和总资产在逐年增加。

从上述指标变化趋势可以清晰看出，反映营运能力的指标总体呈下降趋势，子公司 a 营运能力减弱，应收账款回收周期变长，营运周期变长。

表 4-26　2018—2022 年子公司 a 营运能力情况

年份	2018	2019	2020	2021	2022
应收账款周转率 / 次	3.14	3.28	4.14	5.55	3.5
存货周转率 / 次	5.09	2.2	4.19		
营运资本周转率 / 次	13.08	11.18	12.59	13.08	7.37
非流动资产周转率 / 次	23.06	20.23	23.87	27.74	19.45
总资产周转率 / 次	1.21	0.75	0.65	0.55	0.3

2. 子公司 b

1）应收账款周转率

子公司 b 应收账款周转率由 2018 年的 4.91 次提高到 2022 年的 6.15 次，主要是因为 2019 年子公司 b 销售收入比 2018 年提高了 19%（表 4-27）。由于某两个石化公司建设项目回款期长，导致 2020 年应收账款周转率有所下降。子公司 b 2021 年开始执行应收款项清欠考核办法，回款率明显提高，应收账款周转率上升。2022 年，某石化公司焦炭塔等项目按照合同约定的节点逐步收款，导致子公司 b 2022 年底应收账款增加，降低了应收账款周转率。

表 4-27　2018—2022 年子公司 b 营运能力情况

年份	2018	2019	2020	2021	2022
应收账款周转率 / 次	4.91	5.53	5.37	6.49	6.15
存货周转率 / 次	2.85	2.38	2.19	2.33	2.48
营运资本周转率 / 次	43.8	49.76	38.8	9.36	6.21
非流动资产周转率 / 次	5.07	5.99	6.04	6.16	6.97
总资产周转率 / 次	0.96	0.89	0.76	0.79	0.98

子公司 b 自 2021 年开始执行应收款项清欠考核办法以来，应收账款清欠效果明显。中油炼化系统的设备款平均收款期由 2020 年的 102 天降到 2022 年的 41 天，但受项目结算进度影响，收款期仍然较长。

2）存货周转率

该指标反映企业平均存货的周转速度，也就是企业存货转换成销售收入的速度。机械加工行业所生产的机械设备为非标设备，因此需储存一定比例的通用钢材材料，并且大型机械设备制造周期长（3~9 个月不等），结算周期长（最短时间为交付投用合格后 2 个月，有时由于炼化企业项目建设、大修结算等因素，导致子公司 b 产品的销售结算周期不固定），2018—2020 年由于某石化公司项目建设等因素使存货及预付账款增加，但是没有结算收入，因此营运成本没有增加，导致子公司 b 存货周转率下降。2021—2022 年由于设备陆续结算出库形成收入，因此营运成本增加，存货则平均保持在 1.1 亿元左右，最终导致子公司 b 存货周转率提升。2022 年，国内机械制造业平均存货周转率为 2.11 次，子公司 b 高于平均水平。

3）营运资本周转率

2018—2022 年，子公司 b 流动负债逐年减少，营运资本逐年上升，但是营运资本的上升并没有带来相应的营业收入的提高。2020—2022 年，子公司 b 营业收入均维持在 3 亿元左右，因此这三年营运资本周转率下降。上述营运资本情况，说明子公司 b 拥有相对较好的营运资本水平，同时还具备进一步增加销售收入的潜力。

4）非流动资产周转率

由于子公司 b 2018—2022 年非流动资产变化不大，基本维持在 4800 万元左右，因此随着营业收入的提高，非流动资产率持续提高，说明子公司 b 利用现有固定资产创效的效率较高。

5）总资产周转率

2019—2022 年，由于某石化公司项目建设及借款，子公司 b 资产增加，但是销售收入没有同比增加。2021—2022 年，销售收入开始持续增加，存货周转率加快，资金回笼保证了偿还借款的能力，因此资产总额在下降，而总资产周转率提高，说明子公司 b 总资产的经营质量在持续改善。

综上所述，子公司 b 只要生产效率提高、结算速度加快，就会导致收入增加，存货流转加快。资金尽快回笼能够支付借款，降低负债水平，从而提高各项资产的周转效率，带来企业营运能力的提升；反之，如果子公司 b 承揽项目是结算周期较长的建设项目，则前期材料采购、资金占用等会导致资产增加，使各项反映营运能力的指标下降。

3. 子公司 c

一般来说，应收账款周转率越高越好，表明公司收账速度快，平均收账期短，坏账损失少，资产流动快，偿债能力强。由表 4-28 可见，2018—2022 年子公司 c 应收账款周转率整体呈现增长态势，说明子公司 c 收账期变短，资产流动加快，偿债能力强。

表 4-28 2018—2022 年子公司 c 营运能力情况

年份	2018	2019	2020	2021	2022
应收账款周转率 / 次	1.72	1.53	1.05	1.62	3.04
流动资产周转率 / 次	1.27	1.04	0.74	1.56	2.77
营运资本周转率 / 次	−77.04	14.53	3.29	4.19	5.69
非流动资产周转率 / 次	1.70	1.72	1.59	2.76	4.29
总资产周转率 / 次	0.73	0.65	0.50	1.00	1.68

2018—2022 年，子公司 c 流动资产周转率整体呈现增长态势，说明流动资产周转速度越快，利用越好，一定程度上增强了企业的盈利能力。

2018 年子公司 c 营运资本周转率为负数，说明公司没有可用的营运资本，2019 年因平均营运资本少，营运资本周转率加快，2020—2022 年营运资本周转率逐渐提高，企业营运资本的运用效率也就越高。

2018—2022 年，子公司 c 非流动资产周转率整体呈现增长态势，说明非流动资产周转速度越快，利用越好。

2018—2022 年，子公司 c 总资产周转率整体呈现增长态势，说明总资产周转速度越快，营运能力也就越强。

4. 子公司 d

2018—2022 年，子公司 d 存货周转率平均为 27.34 次，作为化工产品生产销售企业，企业销售业务开展有序，存货周转较快。流动资产周转率维持在 6~8 次之间，在资产规模变化幅度不大的前提下，收入和流动资产规模总体呈逐年增加的发展趋势（表 4-29）。

由于子公司 d 销售业务实行先款后货的销售政策，不存在应收货款违约风险。

表 4-29 2018—2022 年子公司 d 存货和流动资产周转率

年份	2018	2019	2020	2021	2022
存货周转率 / 次	26.57	29.94	24.87	29.80	25.53
流动资产周转率 / 次	6.28	7.81	5.96	6.63	7.51
营运资本周转率 / 次	4.49	5.47	4.59	5.53	6.42
非流动资产周转率 / 次	3.94	4.89	4.17	5.35	7.43
总资产周转率 / 次	4.88	3.01	2.46	2.96	3.73

第三节　公司盈利能力分析

盈利能力指公司在一定时期内赚取利润的能力，利润率越高，盈利能力就越强。对于经营者来讲，通过对盈利能力的分析，可以发现经营管理环节出现的问题。

一、炼油部分

盈利能力即获利能力，上文分析偿债能力、营运能力，其实都是为了能够准确发现企业的问题，及时改正，实现最终利润最大化。

1. 销售利润率

销售利润率是销售毛利与销售收入的比值，销售利润率的高低与销售量、单位价格和单位成本有关。

计算公式如下：

$$销售利润率 = 营业利润总额 \div 营业收入 \times 100\%$$

$$营业利润总额 = 营业收入 - 营业成本 - 费用$$

2021 年销售利润率 = 87.36÷385.34×100% = 22.67%

2022 年销售利润率 = 86.91÷483.08×100% = 17.99%

从表 4-30 中可以看出，炼油部分的销售利润率在 2018 年之后一直下降，盈利能力减弱。

表 4-30　2018—2022 年炼油部分销售利润率情况

年份	2018	2019	2020	2021	2022
营业利润总额/亿元	73.48	62.09	45.85	87.36	86.91
营业收入/亿元	279.00	287.15	209.11	385.34	483.08
销售利润率/%	26.34	21.62	21.93	22.67	17.99

2. 净资产收益率

2021 年净资产收益率 = 4.43÷35.81×100% = 12.37%

2022 年净资产收益率 =4.80÷35.81×100%=13.41%

2019—2020 年净资产收益率为负，表明投资收益较差，2021—2022 年该指标逐步升高，2022 年达到最高点 13.41%（表 4-31）。

表 4-31 2018—2022 年炼油部分净资产收益率情况

年份	2018	2019	2020	2021	2022
净利润 / 亿元	4.25	-0.49	-2.98	4.43	4.80
平均净资产 / 亿元	35.81	35.81	35.81	35.81	35.81
净资产收益率 /%	11.86	-1.38	-8.32	12.37	13.41

3. 全员劳动生产率

全员劳动生产率计算公式如下：

全员劳动生产率 = 劳动生产总值 ÷ 平均从业人数

= （利润 + 税费 + 工资 + 折旧）÷ 人数

2018—2022 年，炼油部分从业人数逐年下降，从 2018 年的 4775 人降至 2022 年的 4051 人，减少 724 人。人工成本、折旧、所得税以外税费金额趋于稳定，2021 年劳动生产总值达到顶峰，2022 年劳动生产总值虽不及 2021 年，但 2022 年平均从业人数处于最低点，全员劳动生产率于 2022 年达至顶峰（表 4-32）。

表 4-32 2018—2022 年炼油部分全员劳动生产率情况

年份	2018	2019	2020	2021	2022
劳动生产总值 / 亿元	81.14	69.26	52.37	93.59	91.43
利润总额 / 亿元	14.16	-1.65	-9.93	14.77	16.01
所得税以外税费 / 亿元	53.28	58.01	49.67	66.07	66.28
应交增值税 / 亿元	4.35	2.28	1.64	-1.49	-4.51
工资 / 亿元	7.08	7.85	7.34	7.56	7.44
折旧 / 亿元	2.28	2.77	3.65	6.68	6.20
平均从业人数 / 人	4775	4654	4728	4252	4051
全员劳动生产率 /（万元 / 人）	170	149	111	220	226

二、化工部分

1. 销售利润率

化工部分销售利润率情况：

$$销售利润率 =（营业收入 - 营业成本）÷营业收入 \times 100\%$$

$$2021 年销售利润率 =（266-218）÷266 \times 100\% = 18\%$$

$$2022 年销售利润率 =（245-250）÷245 \times 100\% = -1\%$$

$$本期较上期销售利润率变动 = -1\% - 18\% = -19\%$$

化工部分营业净利率较上年下降了 5.08%，而销售利润率较上年下降了 19%，说明企业本年营业净利率的下降是由于成本和费用的增长率超过了收入增长率所导致的。营业净利率越高，表明企业市场竞争力越强，发展潜力越大，盈利能力越强。营业净利率下降，说明企业的盈利能力和发展潜力较上年有所降低。由于计算该指标的净利润和营业收入可以概括企业利润表的全部指标成果，因此可以通过分析该指标的相关影响因素来了解本期营业净利率的变动原因。

2. 净资产收益率

2019—2021 年，D 石化公司化工部分净资产收益率稳步提高，2022 年因利润大幅下滑，净资产收益率下降 36 个百分点（表 4-33）。平均净资产趋于稳定，主要受净利润影响较大。

表 4-33　2018—2022 年化工部分净资产收益率

年份	2018	2019	2020	2021	2022
净利润 / 亿元	-2.86	0.53	4.92	8.45	-4.72
平均净资产 / 亿元	39	34	34	37	36
净资产收益率 /%	-7	2	15	23	-13

3. 全员劳动生产率

由表 4-34 可见，2018—2022 年化工部分从业人数逐年下降，从 2018 年的 12924 人降至 2022 年的 11324 人，减少 1600 人。人工成本、折旧、所得税以外税费金额趋于稳定，利润总额、劳动生产总值、全员劳动生产率均于 2021 年达至顶峰，2022 年开始大幅下滑。

表 4-34 2018—2022 年化工部分全员劳动生产率情况

年份	2018	2019	2020	2021	2022
劳动生产总值 / 亿元	40	39	54	77	31
利润总额 / 亿元	-10	2	16	28	-16
所得税以外税费 / 亿元	3	2	3	4	4
应交增值税 / 亿元	14	11	11	21	18
工资 / 亿元	22	23	23	24	25
折旧 / 亿元	11	11	11	11	11
平均从业人数 / 人	12924	13251	12053	11616	11324
全员劳动生产率 /（万元 / 人）	31	29	44	67	28

三、未上市部分

1. 子公司 a

子公司 a 营业净利率从 2018 年的 0.09% 升到 2022 年的 1.01%，营业净利率尽管升幅不大，但公司获利在不断增强；资产净利率从 2018 年的 0.12% 升到 2022 年的 0.33%，主要是因为公司净利润近几年在不断增长；权益净利率从 2018 年的 0.79% 升到 2022 年的 5.17%，升幅较大，盈利水平在逐年提高（表 4-35）。综上，子公司 a 盈利能力在逐年提高。

表 4-35 2018—2022 年子公司 a 盈利能力情况

年份	2018	2019	2020	2021	2022
营业净利率 /%	0.09	0.12	0.14	0.54	1.01
资产净利率 /%	0.12	0.1	0.11	0.34	0.33
权益净利率 /%	0.79	0.83	1.15	4.72	5.17

2. 子公司 b

子公司 b 利润总额从 2018 年的 80 万元提高到 2022 年的 1711 万元，销售收入从 2018 年的 2.4 亿元提高到 2022 年的 3.2 亿元，资产总额从 2018 年的 2.6 亿元提高到 2022 年的 3 亿元，利润总额的增长幅度远超资产的增长幅度，说明子公司 b 的盈利能力持续提升。由于持续盈利，2018—2021 年权益净利率持续提升，说明净资产创效能力在不断改善（表 4-36）。持续盈利也带来了净资产的提高，因此当盈利提高水平低于净资产增长水平时，2022 年出现权益净利率下降的趋势，说明虽然持续盈利，但是盈利带来的净资产提高并没有完全转化为回报股东的盈利能力的提高，说明企业回报股东的盈利能力还有提高的空间。

表 4-36 2018—2022 年子公司 b 盈利能力情况

年份	2018	2019	2020	2021	2022
营业净利率 /%	0.33	1.05	1.51	4.77	5.34
资产净利率 /%	0.32	0.94	1.14	3.77	5.24
权益净利率 /%	1.51	5.68	8.08	21.66	20.78

综上所述，子公司 b 近年来由于市场不断扩大，销售收入不断提升带来盈利能力的持续提升，但是随着净资产的不断增加，要想使回报股东收益能力提升，子公司 b 还需要实现更大的利润总额。

3. 子公司 c

2018—2022 年，子公司 c 营业净利率呈增长态势，五年间增长 3.2 倍，说明盈利能力持续增强；资产净利率呈增长态势，五年间增长 8.8 倍，说明资产的利用效率持续增强；权益净利率呈增长态势，五年间增长 5.2 倍，说明盈利能力持续增强（表 4-37）。

表 4-37 2018—2022 年子公司 c 盈利能力情况

年份	2018	2019	2020	2021	2022
营业净利率 /%	1.01	0.88	3.96	3.19	4.25
资产净利率 /%	0.73	0.57	1.99	3.17	7.16
权益净利率 /%	1.75	1.36	4.24	5.30	10.88

4. 子公司 d

子公司 d 生产装置运行年限较长，现有产品投放市场多年，虽有不同程度的装置改造和产品升级，但受装置产能和产品品质影响，销售业务主要面向低端用户，子公司 d 陷入没有新的产品研发投放市场、现有产品盈利能力有限、利润空间逐年降低的困境。

子公司 d 营业净利率、总资产净利率和权益净利率多年维持在较低水平（表4-38），为改善现在的经营困境，在生产经营环节上下功夫，提质增效上做工作；研究延长产品加工链条，增加产品附加值；寻找新的产品市场，子公司 d 已经上报并获批建设新的产品线，预计新产品将成为企业利润增长点；子公司 d 后续会陆续更新和改造项目，为企业的长远发展打下基础。

表 4-38　2018—2022 年子公司 d 盈利能力情况

年份	2018	2019	2020	2021	2022
营业净利率 /%	−0.17	2.07	0.69	0.62	0.59
总资产净利率 /%	−0.41	6.24	1.69	1.83	2.18
权益净利率 /%	−0.54	8.00	2.03	2.18	2.55

第四节　公司发展能力分析

企业的发展能力也称企业的成长性，它是企业通过自身的生产经营活动，不断扩大积累而形成的发展潜能。企业能否健康发展取决于多种因素，包括外部经营环境、企业内在素质及资源条件等。从形成方式上看，一个企业的发展能力主要是通过自身的生产经营活动不断扩大积累形成的，它主要依托于不断增长的营业收入、不断增加的资金投入和不断创造的利润等。

一、炼油部分

发展能力指公司未来生产经营的潜力。发展能力的分析要从动态的角度着眼，分析和预测公司的增长潜力。

1. 销售增长率

销售增长率指本期销售收入变化额与上期销售收入之比，反映企业收入的变动情况。

2021 年销售增长率 =176.24÷209.11×100%=84.28%

2022 年销售增长率 =97.74÷385.34×100%=25.36%

从表 4-39 和图 4-4 可以看出，炼油部分销售增长率整体呈先降后升趋势，在 2018—2020 年是下降的，2021 年飞涨到最高点，2021 年也是利润最好的年度。

表 4-39 2018—2022 年炼油部分销售增长率情况

年份	2018	2019	2020	2021	2022
本年销售增长额 / 亿元	12.23	8.15	−78.04	176.24	97.74
上年销售额 / 亿元	266.76	279.00	287.15	209.11	385.34
销售增长率 /%	4.59	2.92	−27.18	84.28	25.36

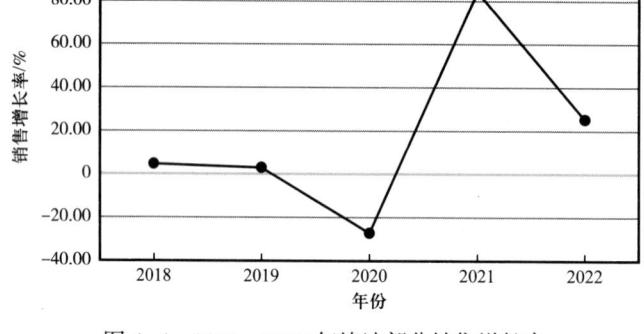

图 4-4 2018—2022 年炼油部分销售增长率

2. 总资产增长率

$$总资产增长率 = \frac{本年总资产增长额}{年初资产总额} \times 100\%$$

本年总资产增长额 = 年末资产总额 − 年初资产总额

2022 年，炼油部分总资产增长率为 −18.41%，净资产增长率为 8.67%，总资产增长率低于净资产增长率，说明净资产的增长超过总资产的增长（表 4-40）。从企业自身的角度来看，企业资产的增加主要取决于企业盈利的增加。

表 4-40 2018—2022 年炼油部分总资产增长率情况

年份	2018	2019	2020	2021	2022
总资产 / 亿元	74	78	96	97	79
所有者权益 / 亿元	36	35	31	34	37
总资产增长率 /%	16.8	6.02	22.23	1.08	−18.41
净资产增长率 /%	10.16	−3.15	−10.91	9.08	8.67

3. 研发投入强度

衡量一个企业的技术创新能力可以从现有技术实力、研究与开发两个方面进行评估。

具体计算公式如下：

研发投入强度 = 研发支出 ÷ 销售收入 × 100%

2021 年研发投入强度 =0.01÷385.344×100%=0.003%

2022 年研发投入强度 =0.01÷483.08×100%=0.002%

D 石化公司炼油部分 2018 年没有研发投入，2019 年开始产生研发投入，但是投入有限，研发投入强度较低（表 4-41）。

表 4-41　2018—2022 年炼油部分研发投入情况

年份	2018	2019	2020	2021	2022
研发投入/亿元	—	0.03	0.15	0.01	0.01
销售收入/亿元	278.996	287.146	209.109	385.344	483.080
研发投入强度/%	—	0.01	0.07	0.003	0.002

二、化工部分

1. 销售增长率

销售增长率指企业本年销售增长额与上年销售额之间的比率，反映销售的增减变动情况，是评价企业成长状况和发展能力的重要指标，销售增长率是衡量企业经营状况和市场占有能力，预测企业经营业务拓展趋势的重要指标，也是企业扩张增量资本和存量资本的重要前提。其计算公式为：

销售增长率 =（本年销售额 − 上年销售额）÷ 上年销售额 × 100%

2021 年化工部分销售增长率为 36.69%，2022 年销售增长率为 −6.73%（表 4-42）。该指标越大，表明企业增长速度越快，企业市场前景越好。

表 4-42　2018—2022 年化工部分销售增长率情况

年份	2018	2019	2020	2021	2022
营业收入/亿元	208	221	194	266	248
销售增长率/%	−0.82	6.50	−12.09	36.69	−6.73

2. 总资产增长率

2022 年，化工部分总资产增长率为 16.52%，净资产增长率为 −19.38%，总资产增长率高于净资产增长率，说明总资产的增长超过净资产的增长，其资金来源于负债的增长（表 4-43）。然而，企业资产增长率高并不意味着企业的资产规模增长就一定适当。评价一个企业的资产规模增长是否适当，必须与销售增长、利润增长等情况结合起来分析。只有在一个企业的销售增长、利润增长超过资产规模增长的情况下，这种资产规模增长才属于效益型增长，才是适当的、正常的。如果一个企业资产的增长完全依赖于负债的增长，而所有者权益项目在年度里没有发生变动或者变动不大，则说明企业不具备良好的发展潜力。从企业自身的角度来看，企业资产的增加主要取决于企业盈利的增加。

表 4-43　2018—2022 年化工部分总资产增长率情况

年份	2018	2019	2020	2021	2022
总资产 / 亿元	116	99	102	103	120
所有者权益 / 亿元	35	33	35	40	32
总资产增长率 /%	−0.66	−14.22	2.80	1.09	16.52
净资产增长率 /%	−17.06	−7.04	4.85	16.24	−19.38

3. 研发投入强度

2018—2021 年，化工部分研发支出金额逐年增加，新产品开发力度加大，2022 年受市场影响，研发支出大幅减少，研发支出占销售收入的比重也随之变化（表 4-44）。职工教育经费受新冠疫情影响，2020—2022 年一直处于较低水平，人力资本开发成本率不超过 0.2%，可见对于人力资本的开发投入较弱。

表 4-44　2018—2022 年化工部分研发投入情况

年份	2018	2019	2020	2021	2022
研发费用 / 万元	373	975	1699	2437	1420
营业收入 / 万元	2076929	2211990	1944593	2658141	2479216
职工教育经费 / 万元	3198	3199	1927	2083	2163
研发支出占销售收入的比重 /%	0.018	0.044	0.087	0.092	0.057
人力资本开发成本率 /%	0.277	0.323	0.189	0.202	0.180

三、未上市部分

1. 子公司 a

由表 4-45 可见，从 2020 年起，子公司 a 销售增长率呈下降趋势，2022 年下降了 36.47%，主要原因为子公司 a 承建大项目减少。资产增长率也呈现下降趋势，资产经营规模呈现较为明显的下降趋势。

表 4-45　2018—2022 年子公司 a 发展能力情况

年份	2018	2019	2020	2021	2022
销售增长率 /%	56.71	−14.44	15.85	10.58	−36.47
资产增长率 /%	22.9	37.63	32.79	31.06	15.14

综合以上两个指标，因近年来外部建筑市场衰退，加上新冠疫情影响，子公司 a 整体市场规模在萎缩，经营规模在缩小。

在建筑市场不景气的情况下，子公司 a 的市场规模、经营规模萎缩，但盈利能力有一定提升，短期偿债能力也基本能得到保证。子公司 a 营运能力需增强，应加强往来账款的清理，科学管理，缩短工期，加快结算速度，从而缩短营运周期，提升公司的营运能力。拓宽外部市场，拓展服务范围，精练精品服务，做到"人无我有，人有我精"，抢占高端市场份额，提高营业收入，增强公司的发展能力。

2. 子公司 b

资产增长率在 2019—2020 年处于上升阶段（表 4-46），实际情况是由于某石化公司项目建设及借款使资产增加，不属于经营积累带来的资产增加，2021—2022 年由于结算收入增加及回笼资金偿还借款，资产总额开始下降，但是资产负债率也下降，说明这一阶段是子公司 b 逐步甩包袱轻装前行阶段。随着债务的不断偿还，子公司 b 如果持续盈利，资产总额会逐步回升。

表 4-46　2018—2022 年子公司 b 发展能力情况

年份	2018	2019	2020	2021	2022
销售增长率 /%	93.99	19.19	4.13	−1.29	5.95
资产增长率 /%	10.3	46	55.97	−11.74	−26.63

2017年子公司b收入为1.2亿元，2018年开始随着子公司b产品进入集团公司优势产品名录，子公司b进入集团公司一级供应商名单，销售收入成倍增长达到2.4亿元，2019—2022年逐步稳定在3亿元左右。但是受人员逐步减少、设备无法持续更新的制约，按目前的人员及设备状况仅能维持目前的收入水平，若想提高销售增长率，只有摆脱机制的束缚，解决人员及设备不足的问题。

总结子公司b 2018—2022年的财务指标分析，由于2018年开始随着子公司b产品进入集团公司优势产品名录，子公司b进入集团公司一级供应商名单，对内狠抓精益管理、提高生产效率，对外加大货款回收及周转速度、扩大市场提高收入，使子公司b的资金及资产有效运转，扩大产品的创效能力，从而使偿债能力、营运能力都有了较大的提升。提高收入是前提，产品创效是基础，加快资金及存货周转是驱动，因此带来了子公司b各项财务指标的总体改善。同时也应该注意到，承揽建设及结算周期长的项目时会给子公司b带来资金压力、材料库存压力及产品出库压力，子公司b需要在承揽周期长的项目时力争在收款条款上争取有利的进度结算条款，缓解资金压力，同时科学统筹高效的组织生产，以尽量短的时间交付合格产品，提高结算效率。

从长远发展来看，目前的人员及设备仅能努力维持现在的收入和盈利水平，随着人员及设备的老化，如果不从管理机制上给予子公司b充分的支持，很难实现长远高效发展。

3. 子公司c

2018—2022年，子公司c销售增长率呈增长态势，五年间由-5.96%增长到26.58%，说明市场前景较好（表4-47）。资产增长率有所下降，五年间由于子公司c重组等因素致使资产降低。

表4-47　2018—2022年子公司c发展能力情况

年份	2018	2019	2020	2021	2022
销售增长率/%	-5.96	-10.99	-40.01	38.66	26.58
资产增长率/%	-2.94	4.85	-20.40	-14.05	-25.41

4. 子公司d

子公司d除2020年销售收入减少外，其余年度境外保持一定销售收入增长，但从资产增长率指标看，子公司 d 资产基本没有增加，表现就是增收不增利（表 4-48）。

表 4-48　2018—2022 年子公司 d 发展能力情况

年份	2018	2019	2020	2021	2022
销售增长率 /%	10.44	27.54	−18.39	17.87	27.11
资产增长率 /%	−0.76	7.01	−6.26	1.55	0.09

从子公司 d 发展指标数据倒推原因，主要是其现有的生产装置产能较小、生产工艺严重落后，只能生产低端的化工初级产品，导致加工环节产生的附加值低，产品主动创效能力差，受原料数量和价格影响大，子公司 d 需要提升生产工艺水平，寻找新的目标市场，提升产品盈利空间，增强发展能力。

第五章　炼化行业前景分析

根据 bp 能源统计数据，2021 年全球炼油产能 1.0191 亿桶／日（50.75 亿吨／年），据中国石油经济技术研究院统计，2021 年全球乙烯产能约 2.1 亿吨／年，需求约 1.8 亿吨。其中，石油产业的下游 10%～20% 用于化工品生产，未来成品油需求放缓，但化工产品需求稳定增长，传统的以炼油为主体的炼化行业或将受到冲击。

第一节　炼化行业的发展趋势

一、国际炼油行业产能与发展趋势

炼油是重要的原油加工环节，全球范围内除中东地区在夏天会有少量的原油进行直接发电外，原油产品均需要炼油环节进行加工，通过加工成为成品油及化工品，从而进行对外销售。由于全球的原油种类有近 200 种，不同的原油种类适合加工的产品和工艺路线也不尽相同。因此，全球范围内没有完全一样的炼厂。传统的原油下游应用中，化工品所占比例较低，一般不到 20%。由于未来成品油的需求减弱，原油在炼制环节均应尽量大地增加化工品的比例。根据 WoodMac（美国行业咨询机构）定义，原油至化学品（crude-oil-to-chemicals）分为三个阶段。

第一阶段：现有炼油化工一体化基地可达 15%～20% 的化工产品产量上限。通常，许多以燃料为导向的炼厂与乙烯厂结合。为代表的是中国石油和中国石化的大型炼厂、道达尔在比利时安特卫普的工厂、bp 在德国盖尔森基兴的工厂等。

第二阶段：原油至化学品的总体配置朝着化学品的优化或最大化方向发展，产量预期可达 40% 以上。为代表的是恒力石化、浙江石化、盛虹炼化等。

第三阶段：原油至化学品的配置朝着化学品的优化或最大化至 70%～80% 的目标，并最小化燃料生产。目前这是一个理论配置，为代表的是沙特阿美、埃克森美孚的原油至化学品技术。

根据 bp 能源统计数据，2021 年全球炼油产能 1.0191 亿桶/日（50.75 亿吨/年），全球范围内看，主要炼油产能集中在亚太地区（图 5-1）。根据国际能源署（IEA）"Oil 2021 Analysis and Forecast to 2026"资料显示（图 5-2），受能源结构变化与科技进步等因素影响，未来全球新增炼油产能增长放缓。自 2021 年以来海外陆续退出大批炼油装置（表 5-1）。

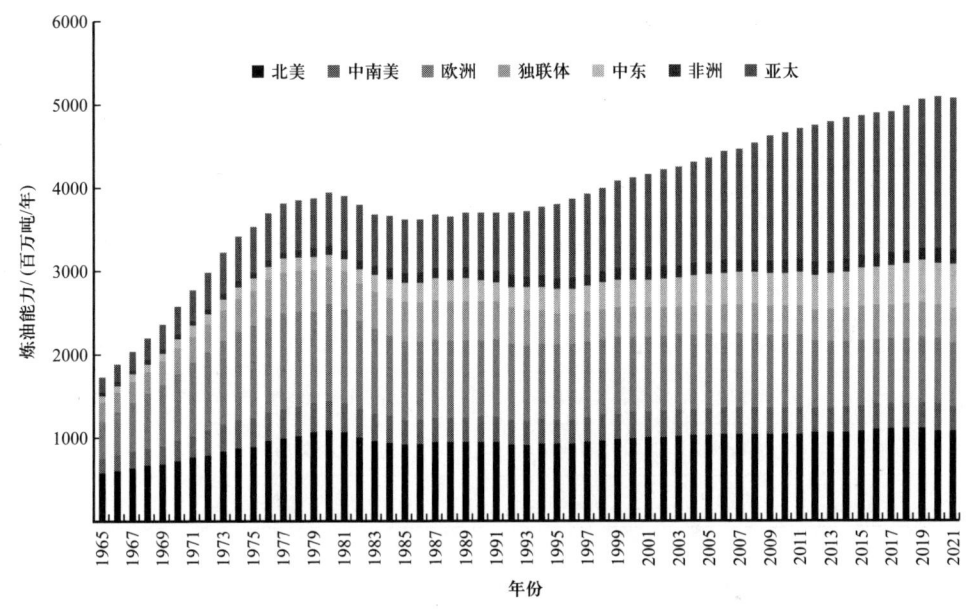

图 5-1 全球炼油能力

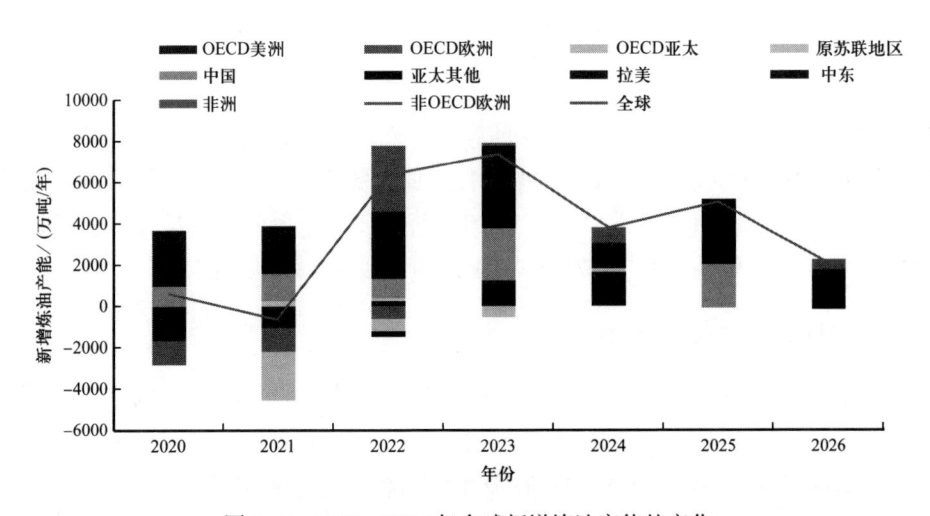

图 5-2 2020—2026 年全球新增炼油产能的变化

表 5-1 2021 年以来海外主要退出装置

国家	公司	地址	项目	产能/(万桶/日)
澳大利亚	bp	Kwinana	可能转产可再生能源	15.0
日本	Eneos	大阪	永久关闭原油蒸馏装置	11.5
日本	Eneos	和歌山	2023 年 10 月永久关闭炼厂	12.8
新加坡	壳牌	Pulau Bukom	永久关闭炼厂	50.0
荷兰	Gunvor	Rotterdam	永久关闭炼厂	8.8
葡萄牙	Galp	Porto	永久关闭炼厂	11.0
芬兰	Neste	Naantali	转产可再生能源	5.8
法国	道达尔	Feyzin	因罢工暂时停产	10.9
挪威	埃克森美孚	Slagen	永久关闭炼厂	11.6
澳大利亚	埃克森美孚	Altona	永久关闭炼厂	9.0
意大利	埃尼	Livorno	转产可再生能源	8.4
美国	Philips66	旧金山	转产生物柴油	12.0
德国	壳牌	Wesseling	转产可再生能源	14.1

二、国内炼油行业产能与发展趋势

1. 我国炼油能力持续增加

我国炼油能力自 2011 年以来稳步增长，2021 年净新增产 2520 万吨/年，总炼油产能达 9.1 亿吨/年，已赶上全球炼油产能第一的美国（图 5-3）。2022 年，随着盛虹石化和广东石化等几套大型炼化一体化装置投入运行，我国炼油产能达到 9.37 亿吨/年。"十四五"期间，中国仍将有多个千万吨级炼厂建成投产，预计净增能力 0.96 亿吨/年，2025 年中国炼油产能将达 9.8 亿吨/年。

2. 我国炼油产能结构性过剩

目前，我国炼油有超过 1 亿吨/年过剩产能。其中，一方面是小产能过剩。根据《2021 年中国炼油工业发展状况与近期展望》，截至 2021 年，我国具有 200 万吨/年炼油能力的炼油装置产能为 0.7 亿吨/年，200 万～500 万吨/年炼油能力的炼油装置产能为 1.2 亿吨/年，小型炼厂在国内总产能的占比超过 20%。

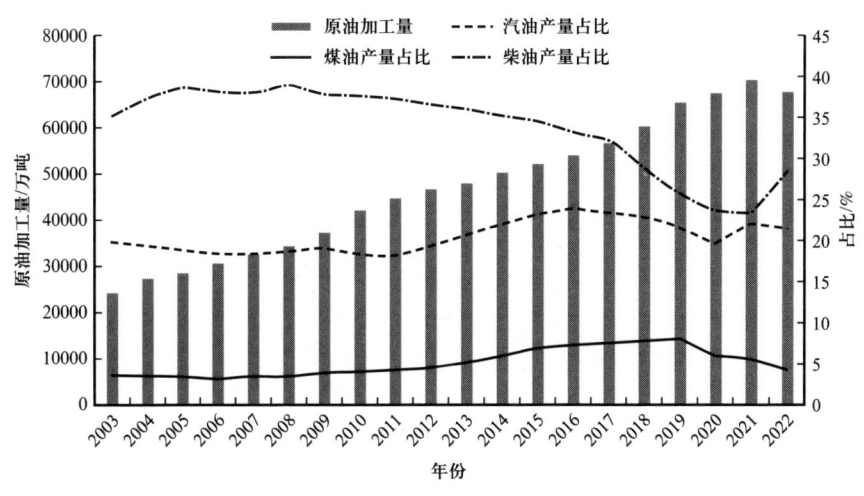

图 5-3 我国炼油能力变化趋势

国内主营炼厂与山东地方炼厂的开工率普遍低于欧美地区，炼厂开工率常年不超过 80%（图 5-4）。另一方面是成品油产能过剩（图 5-5）。据国家统计局和百川浮盈统计，我国成品油冗余产能长期维持在 4.5 亿～5.5 亿吨/年，2021 年因能源结构调整，成品油产能略有下降，当年冗余产能约为 3.71 亿吨/年，随着浙江石化二期、盛虹炼化、广东石化等项目的投产，我国成品油产能过剩的局面加剧。另外，随着新能源的替代效应，成品油需求或将萎缩（图 5-6），我国成品油出口利润空间将逐步降低，以燃料产品为主的炼厂未来盈利空间将受到挤压。

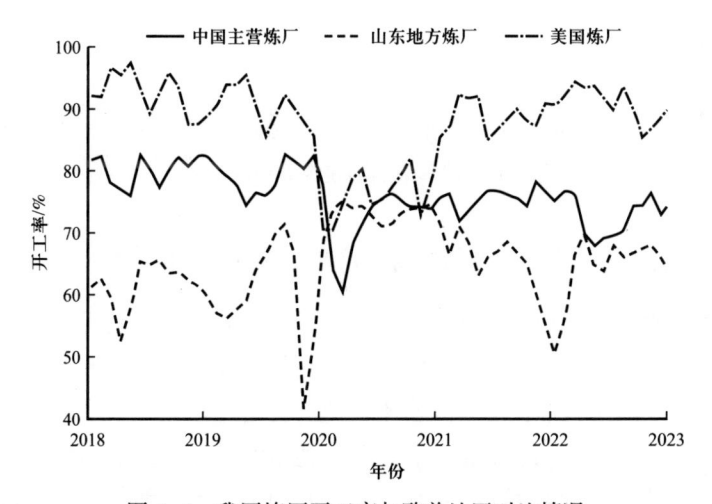

图 5-4 我国炼厂开工率与欧美地区对比情况

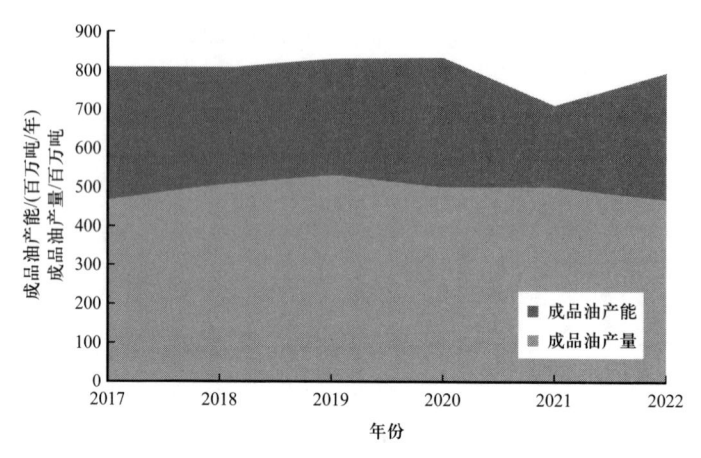

图 5-5 我国成品油产能情况

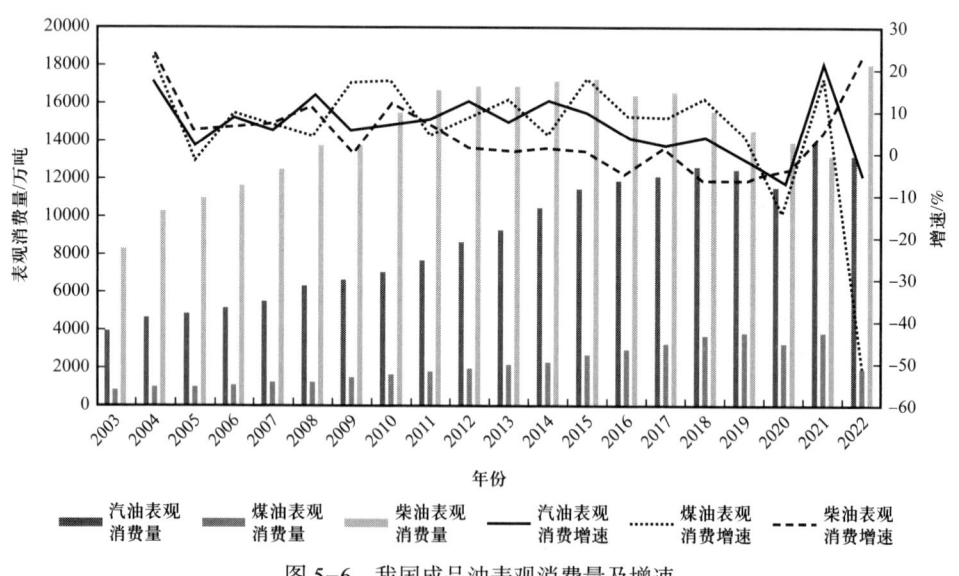

图 5-6 我国成品油表观消费量及增速

3. 持续释放乙烯产能，推动炼化产业链持续延伸

乙烯是世界上产量最大的化学品之一，乙烯工业是石油化工产业的核心，其产品占石化产品的 75% 以上，在国民经济中占有重要地位。世界上已将乙烯产量作为衡量一个国家石油化工发展水平的重要标志之一。

《工业领域碳达峰实施方案》中提出，到 2025 年，"减油增化"应取得积极进展，新建炼化一体化项目成品油产量占原油加工量比例降至 40% 以下。基于目前石化行业供需结构错配的情况，降低成品油产能占比、增产基础化工原料已成为行业转型升级的共识之一，条件齐备的中大型炼厂纷纷向"特色炼油＋特色化工"的精细一体化模式发展。

据《中国石化市场预警报告（2022）》预测，未来几年主要化工原料仍将保持较快的产能扩张速度：2022—2026年我国乙烯在建产能2795万吨/年，预计到2026年全国乙烯年产能将达6996万吨；2023—2026年我国丙烯计划新建产能2839万吨/年，预计到2026年全国丙烯年产能将达8507万吨；2023—2025年我国对二甲苯（PX）计划新建产能1133万吨/年，预计到2025年全国PX年产能将达4600万吨；预计到2026年全国纯苯年产能将达2790万吨。

乙烯作为重要的有机化工基本原料，下游衍生物产品种类众多，产品规模占全球石化产品总量75%以上，广泛应用于包装、农业、建筑、纺织、电子电器、汽车等领域，是构建现代生产生活的重要物质基础（图5-7）。

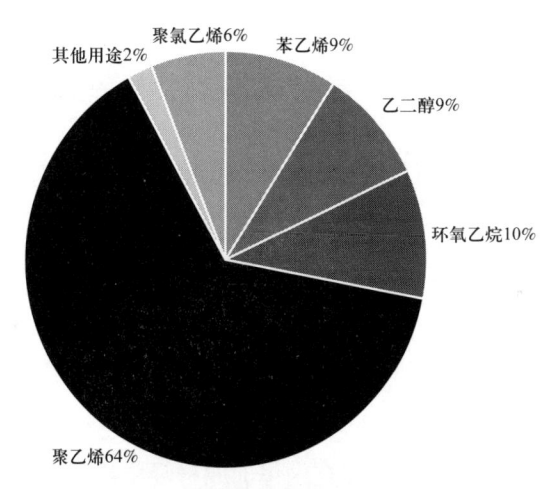

图5-7　全球下游乙烯主要应用占比

随着乙烯产能扩张，下游产品也进入供给增速的阶段，低端产品同质化严重，竞争加剧。近年来，受益于新兴产业发展和化工技术革新，以乙烯作为原料的新材料应用兴起，推动产业链进一步延伸，乙烯下游向高端化、精细化等方向发展，产品覆盖电子电器、新能源、航空航天、信息通信等多产业。在新能源产业中，由乙烯和醋酸乙烯共聚形成的EVA产品能够有效应用于光伏胶膜领域，由乙烯和α-烯烃共聚得到的茂金属聚乙烯（mPE）产品广泛应用于光伏胶膜、电线电缆等领域，由聚乙烯材料作为基材的锂电隔膜产品能够应用于新能源汽车锂电池；在工程塑料产业中，聚苯乙烯产品能够应用于食品、医药、日用品等包装领域（图 5-8）。炼化企业能够产出多种化工原料，如苯、醋酸等，实现与乙烯产品的有效搭配，为布局化工新材料奠定良好基础。

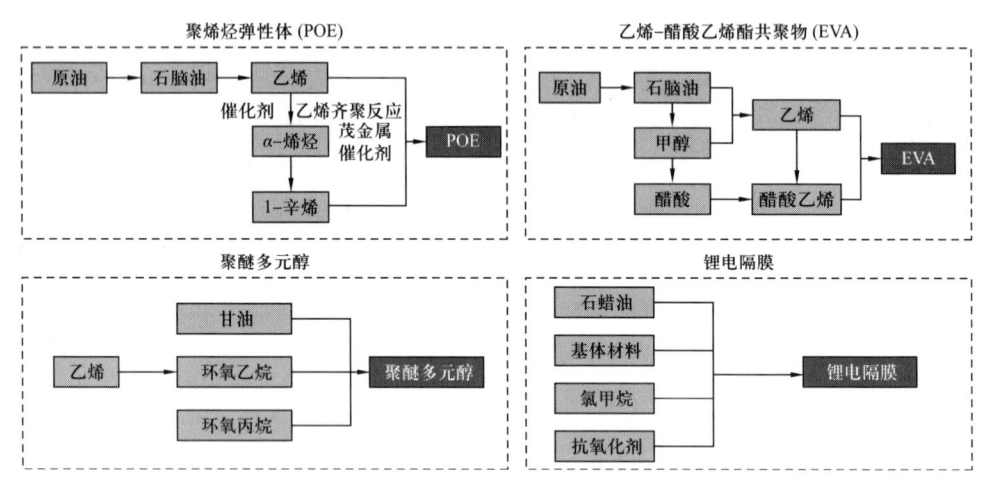

图 5-8　乙烯下游部分新材料应用

第二节　炼化行业发展面临的机遇与挑战

中国《2030 年前碳达峰行动方案》划定了国内 10 亿吨 / 年的炼油上限，根据行业相关预测，中国炼油产能有望在 2024 年达到 10 亿吨 / 年大关，上游石化产品的供应压力有望得到缓解，炼化项目稀缺性显现。

同时，在全社会致力于实现碳达峰碳中和的背景下，炼化行业面临艰巨的挑战。《2030 年前碳达峰行动方案》明确提出："调整原料结构，控制新增原料用煤，拓展富氢原料进口来源，推动石化化工原料轻质化。"作为高耗能、高排放行业，碳达峰碳中和相关政策的出台将给炼化行业发展带来新的制约。作为人类历史上一次重大的"绿色工业革命"，"双碳"战略的影响是深刻而彻底的，将倒逼一大批行业、企业进行技术变革和产业升级，也将会孕育出一批全新的发展赛道。而作为传统资源型和能源型行业，炼油化工行业在碳达峰碳中和的发展趋势下，必然迎来结构性转变。

碳中和的持续推进对于石油化工行业的影响主要有：

（1）电动汽车大力推广，成品油需求量下降，这或将为传统燃料型炼厂带来较大影响。

（2）炼化企业提高化工品产出比例，不断推进"减油增化"，有利于新型一体化炼化装置（以恒力石化、浙江石化、东方盛虹、恒逸文莱等大炼化公司为代表）在炼化一体化中尽可能地多产化工品、降低成品油的比例。

（3）促进氢能、碳捕集利用与封存（CCUS）等清洁能源相关技术和产业的发展，如丙烷脱氢、乙烷裂解装置，其工艺本身在生产过程中就会有大量副产的氢气。同时，CCUS技术可帮助企业减少二氧化碳排放。

目前，全球范围内大型石油公司均设立了碳中和目标（表5-2），炼油化工行业未来有效的碳减排措施来自：

（1）外购可再生能源转换的电、蒸汽等能源；

（2）提升炼厂能量利用效率，优化氢气供应结构；

（3）寻求碳排放强度更低的制氢手段；

（4）采用CCUS技术。

表5-2 各石油公司碳中和目标

时间	公司	碳中和行动
2021年3月	道达尔	与微软进行战略合作，进一步实现数字化转型，并支持实现2050年净零排放目标
2020年10月	康菲石油	计划在21世纪中叶之前消除其业务和电力供应商的碳排放。但不包括客户燃烧或加工康菲石油的原油、天然气或其他产品所产生的排放
2021年2月	壳牌	到2050年成为净零排放的能源企业，与社会在实现联合国《巴黎气候变化协定》目标方面的进展同步。以2016年为基准，到2023年减少净碳强度6%~8%，2030年减少20%，2035年减少45%，2050年减少100%
2021年	埃克森美孚	于2018年成立的碳捕集与封存（CCS）项目。计划在2025年之前投资30亿美元用于低排放能源解决方案。计划到2025年将上游运营的温室气体排放强度在2016年的水平上降低15%~20%
2020年12月	俄罗斯石油公司	2035年全面碳排放管理计划；防止直接和间接排放相当于2000万吨二氧化碳的温室气体；石油和天然气生产中直接和间接排放强度减少30%
2021年2月	英国石油	到2030年目标开发约50吉瓦的净可再生发电能力，比2019年增加20倍。到2030年，其运营和上游油气生产中的碳排放分别降低30%~35%和35%~40%

炼化及煤化工均为耗氢大户，氢气供应将直接影响到整体装置的运行，额外制氢成为石化企业最主要的碳排放环节之一。从氢源出发，世界能源理事会将氢气划分为灰氢、蓝氢和绿氢，分别指化石原料制氢、化石原料制氢同时使用碳捕集和碳封存、可再生能源制氢，只有绿氢才是真正实现零排放的制氢方式。

在所有碳减排方案中，CCUS技术是炼油厂减排二氧化碳最为有效且直接的碳减排方案。炼油加工过程中主要的碳排放均来自过程工艺排放，除部分优化外，减排的空间有限。而CCUS则是直接捕集生产中待排放的CO_2并进行利用或封存，与炼油工艺优化相结合后能够在保持经济性的同时实现碳减排（图5-9）。CCUS是一项复杂但成熟的技术，其在石油和天然气行业商业化运行已有数十年。大型工厂和电厂捕集二氧化碳过高的增量投资与额外能耗，以及缺乏可靠的将二氧化碳运输/封存到适宜场地（如枯竭油气田）的购销协议，是开展碳捕集与封存的关键障碍。如果没有足够高的碳价和针对性的激励措施来补偿过高的增量投资与额外能耗，就很难形成碳捕集与封存的经济驱动力。

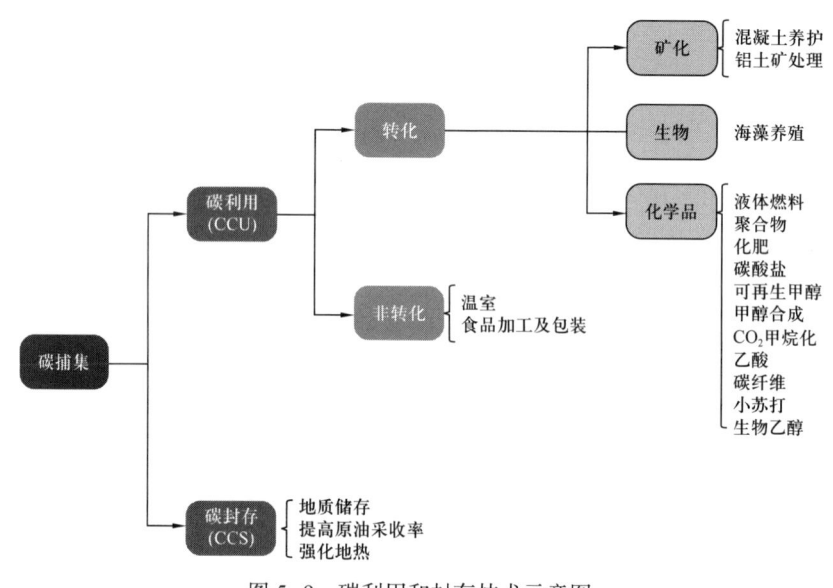

图5-9 碳利用和封存技术示意图

第三节 龙头炼化企业的发展思路

作为世界最大型的石油公司之一，中国石油天然气股份有限公司的炼化业务在市场规模上占有巨大优势。2022年市场份额高达37.44%，在炼油化工和新材料方面，公司持续推进区域资源优化配置，充分发挥特色原油资源与炼厂装置优势，优化生产路线及产品方案，加大低硫船用燃料油、石蜡、润滑油、沥青等特色产品生产力度。优化乙烯原料供应，保持乙烯、芳烃装置高负荷运行，努力增产高附加值化工产品。坚持"基础+高端"发展思路，大力发展新材料业务。

目前，中国石油在建实施的炼化工程项目如下：

（1）中国石油广东石化炼化一体化项目。总投资654亿元，位于广东揭阳，是中国石油一次性投资规模最大的项目。2017年12月起，从原规划的2000万吨/年炼油项目调整为2000万吨/年炼油+260万吨/年芳烃+120万吨/年乙烯炼化一体化项目，其中80万吨/年苯乙烯装置、260万吨/年对二甲苯装置和50万吨/年聚丙烯装置均为全球单套规模最大的同类装置。2023年2月28日，广东石化炼化一体化项目打通全流程并全部产出合格产品，实现一次开车成功，进入全面生产阶段。

（2）中国石油塔里木乙烷制乙烯项目。乙烷制乙烯项目总投资112亿元，在库尔勒石油石化产业园建设76.2万吨/年乙烷回收装置、60万吨/年乙烯装置、30万吨/年全密度聚乙烯装置、30万吨/年高密度聚乙烯装置，副产氢气、燃料气及C_3^+等产品。2021年8月30日，独山子石化塔里木60万吨/年乙烷制乙烯装置生产出合格乙烯产品，实现一次开车成功，自此独山子石化乙烯年产能达到200万吨。2023年2月，塔里木120万吨/年二期乙烯项目环境影响评价公众参与第一次公示。项目计划新建120万吨/年乙烯及下游装置，主要包括2套45万吨/年全密度聚乙烯、30万吨/年低密度聚乙烯、45万吨/年聚丙烯、3套5万吨/年顺丁橡胶、12万吨/年丁二烯抽提、8万吨/年MTBE、4万吨/年1-丁烯、35万吨/年裂解汽油加氢、25万吨/年芳烃抽提等装置，以及配套的公用工程和辅助设施。

（3）中国石油长庆乙烷制乙烯项目。该项目总投资约104亿元，国内第一套利用中国石油自主研发的乙烷裂解制乙烯技术建成的大型乙烯生产装置，主要利用长庆油田天然气中分离的乙烷，通过裂解生产乙烯、燃料气、碳三及重组分等化工产品，并聚合生产聚乙烯。包括80万吨/年乙烯、40万吨/年全密度聚乙烯、40万吨/年高密度聚乙烯和3万吨/年1-丁烯4套主要生产装置。2021年8月3日，80万吨/年乙烯装置经过28个多小时的生产运行，生产出合格乙烯产品，实现投料开车一次成功。2022年兰州石化长庆二期，内蒙古鄂尔多斯120万吨/年乙烷制乙烯装置开始筹建。

（4）中国石油广西石化炼化一体化升级项目。2023年3月，中国石油广西石化炼化一体化转型升级项目举行开工仪式。该项目总投资约 305 亿元，是国家石化产业规划布局重大项目，也是中国石油推动"减油增化"调结构的战略性项目。包括新建 120 万吨/年乙烯裂解装置等 14 套化工装置、200 万吨/年柴油吸附脱芳等两套炼油装置，配套新建和改造部分炼油装置单元以及相应的公用工程、储运和辅助生产设施，主要生产聚乙烯、聚丙烯、合成橡胶和 EVA 等产品。项目计划 2024 年底陆续中交，2025 年全面建成投产。

（5）中国石油兰州石化转型升级乙烯改造项目。2022 年 12 月，该项目环境影响公众参与第一次公示。总投资约 231.7 亿元，炼油区新建 20 万吨/年碳二回收装置、5 万吨/年变压吸附（PSA）装置；化工区新建 120 万吨/年乙烯装置、10 万吨/年超高分子量聚乙烯（UHMWPE）装置、2 万吨/年 1-辛烯装置、10 万吨/年 POE 装置、14 万吨/年 EVA 装置、40 万吨/年聚丙烯（PP）装置、30 万吨/年高密度聚乙烯、80 万吨/年裂解汽油加氢、80 万吨/年芳烃抽提；重启炼油区 16 万吨/年乙烯乙烷浓缩装置；改造炼油区 120 万吨/年一套催化裂化装置、300 万吨/年柴油加氢装置、120 万吨/年柴油加氢装置等。

（6）中国石油大连石化易地升级改造项目。2022 年 11 月，大连市政府与中国石油集团签署框架协议，大连石化搬迁改造将建设炼化一体化项目，包括 1000 万吨/年化工型炼油装置、120 万吨/年乙烯装置，配套码头等公用工程系统及辅助设施等，项目预可研总投资超过 700 亿元。全部建成投产后，最终在西中岛将实现 2000 万吨/年炼油和 240 万吨/年乙烯产能。

（7）中国石油吉林石化炼油化工转型升级项目。该项目总投资 339 亿元，主要包括新建 120 万吨/年乙烯、60 万吨/年 ABS 等 21 套炼油化工装置，改造 9 套装置，停运 15 万吨/年乙烯等 7 套装置。2022 年 11 月 12 日，吉林石化 120 万吨/年乙烯装置建设项目正式开工，建成投产后，吉林石化乙烯总产能将达到 190 万吨/年。

第四节　成品油市场需求增速放缓

全球范围内看，下游油品的需求逐年攀升，2023 年油品需求量达到 1.02 亿桶/日，其中增量的重要来源主要为汽油与柴油，但汽油的增速明显放缓。根据 IEA 的资料显示，2023 年全球汽油需求达到 2695.2 万桶/日（同比增加 65.7 万桶/日），2024 年预计达到 2697.9 万桶/日（同比增加 2.5 万桶/日）。中国成品油需求方面，2024 年中国汽油需求预计增加 4.8 万桶/日，较 2023 年 33 万桶/日增速显著放缓。预计 2024 年柴油需求预计增加 6.9 万桶 / 日，较 2023 年 33.8 万桶 / 日增速显著放缓。

一、汽油需求方面

新冠疫情放开带来的汽油需求红利逐步结束，汽油需求回归常态化。未来国内居民的消费情况将决定交通出行意愿，从而影响汽油需求。另外，新能源替代效应逐步显现，在政策与补贴的双重支持下，新能源汽车行业迅猛发展，新能源汽车保有量稳步增加，根据中国工业汽车协会资料测算，预计 2024 年新能源乘用车批发量将达到 1150 万辆，市场渗透率达到 43%。新能源汽车行业的高速发展在一定程度上增加了新旧能源的替代风险。

二、柴油需求方面

根据中国柴油消费行业构成图（图 5-10），柴油的消费行业主要为交通运输、仓储和邮政业（占比 67%），尽管 2021 年以来中国持续放松货币、财政政策，但基于国内周期性复苏所需要的政策支持，现有的政策支撑带来的效果仍然相对保守。2023 年，中国地产、基建投资完成额仍然弱于制造业，基建与地产业的发展缓慢，预计将拖累柴油需求增长。未来若需求端政策有所发力，"城改 + 保障房建设"进一步释放大量高价值地块后，土地新开或将有所回暖，但整体缺口短期在中国投资经济向消费经济转型的过程中，仍难补足。

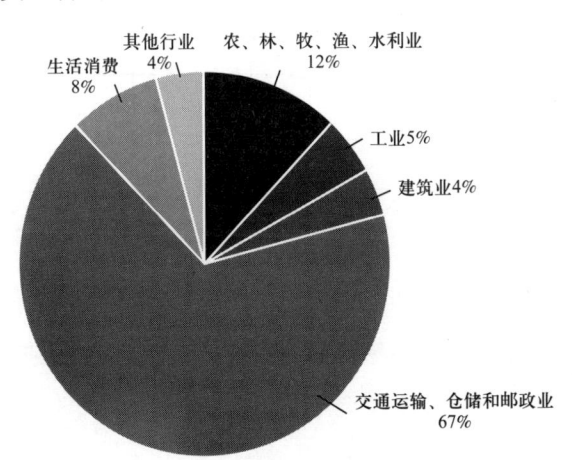

图 5-10 中国柴油行业消费结构图

第五节　化工行业综合景气指数回落

2022年以来，国际能源市场受地缘政治冲突影响，原油、煤炭、天然气价格大幅上涨，原材料价格上涨推升化工品价格走高，同时叠加运输不畅、开工受阻等因素影响导致部分产品供需格局阶段性失衡，进而推动化工产品价格上扬。但高位运行时间较短，受美联储"暴力"加息、欧美经济衰退担忧等诸多因素影响，需求端改善乏力，房地产、纺织服装、汽车制造等市场景气度下行，部分传统下游应用领域对化工品需求回落。化工企业利润总额同比下降，细分行业投资增速放缓，化工行业综合景气指数回落。

从经营业绩来看，化工行业各细分领域营业收入随产品价格上升同比虽有提高，但因下游需求不足、成本传导不畅，利润总额均同比下降，板块分化明显（图5-11和图5-12）。具体来看，2022年，石油、煤炭及其他燃料加工业实现营业收入65243.10亿元，同比增长17.30%；实现利润总额451.40亿元，同比下降82.80%。同期，化学原料及化学制品制造业实现营业收入91483.70亿元，同比增长10.40%；实现利润总额7302.60亿元，同比下降8.70%。同期，化学纤维制造业实现营业收入10900.70亿元，同比增长5.30%；实现利润总额241.30亿元，同比下降62.20%。

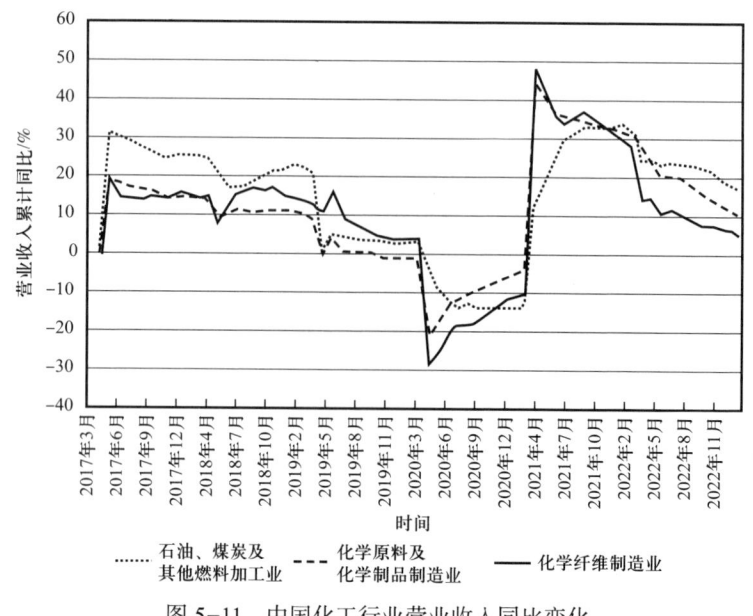

图5-11　中国化工行业营业收入同比变化

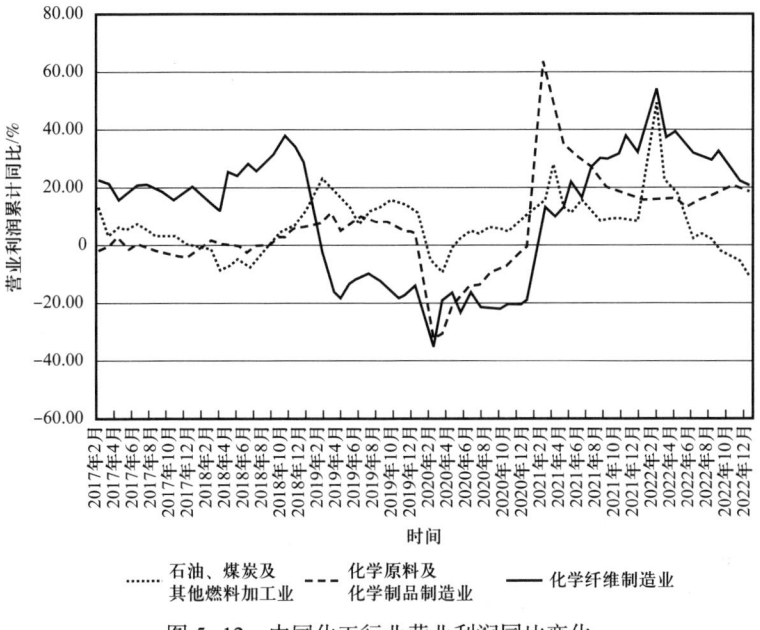

图 5-12 中国化工行业营业利润同比变化

投资方面，由于宏观经济下行，化工品需求受到一定影响，化工行业综合景气指数有所下降，同时在"双碳"政策以及化工行业高质量发展的背景下，部分细分行业投资增速放缓。由于 2021 年国内一批大型炼化一体化项目集中投产，2022 年以来新增产能投放速度有所放缓，石油、煤炭及其他燃料加工业固定资产投资同比下降 10.70%，增速同比下降 18.70 个百分点；在消费升级及国产替代的推动下，市场对高品质化工新材料的需求不断提升，化学原料及化学制品制造业固定资产投资同比增长 18.80%，增速同比增加 3.10 个百分点；虽然传统聚酯产业下游需求整体疲软，但在绿色纤维、可降解纤维及新能源材料等需求的推动下，化学纤维制造业固定资产投资同比增长 21.40%，增速同比下降 10.40 个百分点；此外，橡胶和塑料制品业受制于下游汽车市场景气度下行需求减弱，导致其固定资产投资额增速回落。

参 考 文 献

［1］袁小勇.财务报表分析与商业决策［M］.北京：人民邮电出版社，2021.
［2］张新民，钱爱民.企业财务报表分析［M］.北京：清华大学出版社，2021.
［3］索晓辉.财务报表阅读、编制与分析［M］.北京：中国宇航出版社，2021.
［4］刘靳.财务报表分析——从入门到精通［M］.天津：天津科学技术出版社，2020.
［5］黄世忠.财务报表分析理论、框架、方法与案例［M］.北京：中国财政经济出版社，2012.
［6］许加佳.青岛啤酒股份有限公司财务报表分析［J］.统计与管理，2021，36（4）：70-75.
［7］张莹.基于哈佛分析框架的三全食品财务分析［D］.洛阳：河南科技大学，2021.
［8］张爽，何佳讯.数字化交互平台、价值创新突破与核心竞争力再造：基于浦发银行顾客管理转型的案例研究［J］.管理案例研究与评论，2020，13（4）：431-443.
［9］吴世农.CEO财务分析与决策［M］.北京：北京大学出版社，2008.